KB262194

후기 예언서

후기 예언서

Kim Hye-Ja
PROPHETS OF THE LATTER PERIOD
Introduction to the Bible IV

© Benedict Press, Waegwan, Korea 1997

후기 예언서
1997 초판 | 2003 재쇄
엮은이 · 김혜자 | 펴낸이 · 이형우
ⓒ 분도출판사

등록 · 1962년 5월 7일 라15호
718-806 경북 칠곡군 왜관읍 왜관리 134의 1
왜관 본사 · 전화 054-970-2400 · 팩스 054-971-0179
서울 지사 · 전화 02-2266-3605 · 팩스 02-2271-3605
www.bundobook.co.kr

ISBN 89-419-9714-3 03230
값 6,000원

후기 예언서

성서 입문
제 4 권

김 혜 자
엮음

분 도 출 판 사

기다리던 책

성서를 처음으로 대하는 사람들은 말할 필요도 없고, 이미 여러 차례 성서 전체를 봉독하고 이런 저런 기회에 성서 강의를 수없이 들은 사람들도 한결같이 느끼는 것은 성서를 혼자 봉독하고 이해하기에는 너무 어렵다는 점이다. 자연히 성서에 관한 여러 종류의 해설서들을 펼쳐 보지만 얼마 안 가서 벽에 부딪치고 만다. 대부분의 성서 주석서나 입문서들이 전문 학술용어, 복잡하고 긴 설명, 서로 다른 학자들의 견해 등으로 웬만한 성서 전문가가 아니면 성서 본문보다도 더 알아듣기 어렵기 때문이다. "그래도 행여나" 하여 쉬운 해설서들을 골라 읽어보면, 이번에는 그런 종류의 책들이 대부분 너무 간단하거나 별 근거도 없는 즉흥적 논리에 치우쳐 있어 큰 도움을 받지 못한다. 그래서 성서에 관심이 많은 사람들이 줄곧 아쉬워하며 바라는 것이 성서 본문의 순서를 따르면서 적절한 학문적 근거를 가지고 설명한 적당한 길이의 성서 해설서들이다. 그런데 적어도 가톨릭 서점에서 그런 책들을 발견하기란 너무 힘들어 좀 과장해서 표현하면 실망하고 돌아서기 십상이다. 그런 책들이 그만큼 드물기 때문이다.

　이러한 불만과 어려움을 어느 정도나마 해소하고 성서를 알아들으려는 열망을 상당히 채워줄 수 있는 책이 김 요세파 수녀님의 『후기 예언서』이다. 후기 예언서는 성서 안에서 그 가치가 상당히 큼에도 불구하고 이에 관한 입문서는 성서의 다른 책들에 비해 매우 드물었다. 전문가용 구약성서 개론서나 학습용 입문서 또는 몇몇 신부님들이 펴낸 전문적인 주석서 등이 있지만, 예언서 전체를 비중있게 다루는 책은 거의 없는 편이었다. 김 수녀님은 기나긴 세월 동안 성서를 연구하고 가르치는 가운데 이러한 책의 필요성을 절감하고 독자들의 수준에 알맞은 예언서 길잡이를 펴냈다. 이 책은 전문가들의 연구서들을 충분히 참조하면서도 어려운 용어나 이론은 피하고 누구든지 조금만 노력하면 예언서들을 쉽게 소화할 수 있게 엮은 것이 특징이다. 수녀님은 여러 지역의 여러 계층의 사람들에게 성서 강의를 한 경험과 성서에 대한 각별한 애정 및 밤낮을 가리지 않는 성서 연구 등을 바탕으로 집필하였기 때문에 그러한 흔적이 이 책의 곳곳에 배어 있다. 하느님의 말씀을 많은 사람들에게 전하려는 일념으로 어려운 여건 속에서도 많은 공을 들인 책을 내어주신 수녀님께 감사드리며, 성서를 사랑하는 많은 독자들에게 좋은 선물이 되기를 바라 마지않는다.

이홍기 신부

엮은이의 말

인간은 채워도 채워도 다 채울 수 없는 영원에의 갈증으로 늘 목말라 함은, 우리 속에 내재해 있는 영원성의 확인일까! 고통도 죽음도 없는 영원한 생명을 바라는 우리들의 바람과는 달리 누구나 죽음의 관문을 지나야 하는 것 또한 우리의 현실이다. 우리들은 아름답게 그리고 행복하게 살고 싶지만 사람들은 선과 악의 싸움터에서 끊임없이 결단하고 투신해야 하고 자유의지 안에서 책임을 져야 하는 존재다. 그런데 오늘의 삶터는 선악의 분간을 가리기 어려울 만큼 가치관이 전도된 결전장인 듯 신앙인들마저 "나는 길이요 진리요 생명이다"(요한 14,6)라는 주님의 말씀에 마음으로는 따르는 듯하면서도 실행을 거부하는 모습들이다.

한 처음 하느님께서 빛을 주신 태고적 시점에서 오늘에 이르기까지 역사의 수레바퀴는 늘 성실하신 하느님과 배신하는 사람들의 모습을 그대로 보여주는 듯하다. 구약성경에서 계시해 오신 하느님과 이스라엘 백성과의 관계는 바로 오늘의 우리들의 모습과 하느님과의 관계를 그대로 조판이나 해낸 듯하다. 하느님은 언제나 여전히 집 나간 자녀들이 돌아오기를 기다리는 부모님처럼 자비와 사랑의 품을 활짝 열고 계시고, 우리들은 돌아와서는 언젠지도 모르게 벌써 거리로 나와 방황하고 있는 모습들이다. 하느님은 오늘도 이스라엘의 예언자들을 통해 "돌아오라 돌아오라 내게로 돌아오라 하신다". 하느님의 이 음성을 듣는 데 전력을 다할 수 있도록 『후기 예언서』가 도움이 되었으면 한다.

　　그동안 강의록과 글 모음들을 챙겨두긴 했지만 이렇게 한 권으로 묶을 용기는 없었다. 수녀님들의 요청이 있어 부끄러움 반 용기 반으로 묶어보자고 결단했다. 얼굴을 내밀 『후기 예언서』가 말씀을 사랑하고 말씀에 열정을 쏟는 모든 분들에게 귀여움을 받았으면 하는 바람이다. 이렇게 용기를 주시고 늘 함께해 주신 분께 먼저 감사드리면서 책머리의 격려 말씀을 써 주신 이홍기 신부님께 지면을 통해 다시 한번 감사드린다. 분도출판사 강순건 사장 신부님과 직원 여러분께도 고마움을 전하면서 원고를 정리하는 데 애써 주신 수녀님들과 알게 모르게 저를 채찍질해 주신 모든 분들께도 이 고마움을 전한다.

일천구백구십육년 유월 십사일
예수성심 대축일에
엮 은 이

호세아서

제1 이사야서(1-39장)

미가서

III. 기원전 7~6세기초의 예언자들

스바니야서

예레미야서

나훔서

하바꾹서

IV. 바빌론 유배 시대(기원전 6세기)의 예언자들

에제키엘서

제2 이사야서(40-55장)

V. 유배 후(기원전 5세기)의 예언자들

제3 이사야서(56-66장)

하깨서

서 문

구약성경은 천 년 이상의 오랜 세월에 걸쳐 엮어진 계시의 말씀으로, 메시아를 약속하시고 또 이를 준비한 책이다. 예수님과 사도들도(모세오경, 예언서) 이 성경을 읽었으나 예수님 시대까지는 구약성경의 권수가 아직 확정되지 않았었다. 1~2세기를 전후로 이단들이 속출하고 유대교에서는 이들 성경의 정경화작업에 들어갔다. 90년경 얌니아(Jamnia) 유대교 종교회의에서 구약성경의 범위를 결정하여 ① 율법서(Torah), ② 예언서(Nebiim), ③ 성문서(Ketubim) 3집으로 나누었고 이것이 오늘날 우리들이 보고 있는 구약성경이다. 유대인들은 자기들의 성경을 Torah와 Nebiim과 Ketubim의 각 첫자를 따서 타나크(Tanak)라고 부른다.

성경을 분류하는 데 있어서 유대교 분류법(히브리적)과 그리스어 번역 성서(70인역, LXX, Septuaginta)의 분류법과 그리스도교 분류법이 각각 약간의 차이가 있다. 그래서 본『후기 예언서』에서는 유대교 분류법에 따라 전기·후기로 나뉘는 예언서 중에서 후기 예언서에 대해서 독자들이 이해하는 데 도움이 되도록 요약해 보았다.

I. 후기 예언서 개관

인류사에서 희랍이 공헌한 것은 철학적 이성체제를 확립시켰고 로마는 법체제를 낳았으며, 유다의 예언자들은 인간 양심에 불을 밝혀 사회정의를 심는 데 큰 몫을 했다고 한다. 이제부터 공부할 예언자들의 역할은 인류사에 지대한 영향을 주었음에 틀림없다.

후기 예언자들은 이스라엘에서 초기부터 예언자로 불리었던 경신 내지 궁중 예언자의 부류가 아닌 비교적 후대에 등장한 참예언자들로서 이들이 어떻게 하느님의 말씀을 대변하여 백성들에게 전달하는지 살펴보고자 한다.

이들은 새로운 예언자적 비전을 제시하면서 나타난 저술 예언자들이다. 이 문서 예언자들은 이스라엘의 고유한 예언직을 수행한 인물들로서 고전 예언자들이라고도 한다. 문서 예언자들은 엘리야나 엘리사의 메시지를 계승하여 모두가 하나같이 시나이 계약을 바탕으로 이스라엘의 정치적인 분열을 지양하는 한편 종교적 유일신앙을 한결같이 부르짖는 점이 특이하다.

이 문서 예언자들은 자기들의 역사 안에서 계시의 증인으로서 그 계시를 발전시킨 주인공들이다. 하느님께서는 예언자들을 통해 당신 백성에게 점진적으로 당신을 밝혀나가신다. 따라서 우리는 예언된 말씀을 더 잘 이해하기 위해서는 각 시대의 정치 ·

사회 구조와 함께 예언자들을 각 시대별로 대별하여 살펴갈 때 말씀의 영원한 생명에 더 깊이 합일하는 길을 찾을 수 있을 것 이라 본다.

그럼 하느님께서 선택한 방법으로 예언자들을 부르시어 백성 들에게 파견하고 경고하는 예언의 본질과 그 전달 방법, 시대 배경, 예언서의 역사적 개관 그리고 구조와 내용에 대해 먼저 개관에서 다루고자 한다.

1. 고대 근동의 예언 현상과 이스라엘의 예언 현상

바빌론, 에집트, 가나안, 시리아 등 고대 근동 지방에서도 예 언활동이 있었는데 오늘날 우리가 쉽게 접할 수 있는 무당과 비 슷하게 생각하면 이해가 빠를 것이다. 이들은 단식 또는 어떤 환시를 통해서 비정상 상태로 몰입하여 춤이나 노래 또는 광란 의 경지에서 탈혼상태로 들어가 신의 세계에 접하게 된다고 한 다. 이로써 영계와 통교하여 영계의 말을 인간들에게 전하는 매 체 역할을 하는 원시 샤머니즘 형태와 비슷하다(민수 22,5-6; 신명 4,3-4).

이스라엘 안에도 예언 현상이 있었는데 고대 근동의 예언 현 상의 영향을 받으면서 자리잡게 되었고, 초기 예언활동 중에 나 타나는 예언자의 무리 등은 진정한 예언자가 아니었다고 본다. 이스라엘의 예언자들과 근동 예언자들과의 근본적 차이점은 근 동의 예언자들은 백성들에게 큰 영향을 주지 못했으나 이스라엘 의 예언자들은 백성과 사회에 큰 영향을 주었다는 점과, 또한 하느님과 맺은 계약의 조건을 백성들에게 전달하는 데 있어서 그르침 없이 하느님의 대변자 역할을 했다는 점이 다르다.

2. 예언자란?

예언자란 하느님께 불림을 받아 하느님을 대신해서 인간들에게 하느님의 뜻을 전달하는 대변자들이다. 이들은 일차적으로는 설교자였고 자기 시대의 사람들을 위해 파견된 사자였다. 성서는 예언자를 야훼 하느님의 말씀이 그에게 임한 사람이라고 정의한다.

하느님께 영감(inspiration)을 받은 이들은 신적 의지를 선포하는 자들로서 혼잡하고 타락하여 갈 길을 잃고 우왕좌왕하는 이스라엘 백성들에게 야훼의 길을 인도하는 길잡이였다. 이스라엘 사람들은 예언자를 흔히 나비(Nabi)라 표현했는데 그리스어로는 프로페테스(*Pro-phetes*)라고 번역되어 여기서 예언자의 어원이 기원된다. 이는 남을 대신해서 특히 신을 대변하여 이야기하는 사람을 의미한다. 그리고 또 로에(보다) 또는 호째(응시) 등으로 불리기도 했는데 이는 앞일을 꿰뚫어보는 이, 찾아보는 사람들이란 의미로 선견자(1사무 9,9)·통찰자(아모 7,12) 또는 하느님의 사람(1사무 9,7-8) 등으로 호칭되기도 했다. 그러므로 오늘날 예언자라고 하면 주로 미래의 사건을 내다보고 사람들에게 앞일을 알려주는 것으로 이해되는 예언자의 뜻과는 그 의미에 있어 다소 차이가 있다. 이상으로 볼 때 구약 시대의 위대한 인물의 대부분에게, 즉 아브라함(창세 20,7)과 모세(출애 7,1; 민수 12,6-8) 그리고 사무엘 같은 인물들에게도 예언자의 호칭이 붙을 수 있었다고 보며, 신약에서 마태오 복음사가는 성지주일에 "예루살렘"에 입성하시는 예수님에게 군중의 입을 통해서 "이분은 갈릴래아에서 오신 예언자 예수요"(마태 21,11)라고 예수님이 진정한 예언자이심을 밝히고 있다.

예언직은 세습제가 아니라 여러 가지 직업에서 하느님께 직접 불림을 받았다. 예를 들면 아모스는 목장 관리인이었고, 이사야는 귀족 출신으로 궁정 고문이었고, 에제키엘은 사제였으며, 호세아는 부농이었다. 예언자 가문은 사제 가문처럼 특별한 어떤 지파에 한정된 것도 아니다. 이렇게 개별적으로 불림을 받은 것이 이들 예언자들에게 있어 하나의 공통점이다. 이들은 백성들의 죄를 경고하면서 의기소침해 있는 그들에게 장차 구원의 희망을 주는 위안자이기도 했다. 이들의 선포는 본질적으로 예고라기보다는 진술로서 하느님의 말씀을 그대로 전달하는 하느님의 사람이었으니, 이 예언의 선포는 시대를 초월한 영원한 경고임을 우리는 명심해야 하겠다.

3. 예언자들의 부류

이스라엘 안에 예언자의 무리가 특별한 존재로 나타나던 시기는 사울 왕정 시대부터 시작된다. 이들 예언자들은 무리를 지어 다니거나 또는 무리가 성전에 거주하는 등 여러 종류가 있었는데 그 부류는 ① 경신 예언자, ② 궁중 예언자, ③ 문서 예언자, ④ 묵시 예언자 등으로 구분해 볼 수 있다.

① **경신 예언자**: 예식 예언자라고도 하는데 이들은 주로 일정한 성소에 모인 집단으로 지파나 족속에 속하며 사제와 함께 전례예식과 관계를 맺고 살았다.

② **궁중 예언자**: 궁중에 속하여 정치 자문 역할을 하며 국가의 녹을 먹고 살았는데, 국가·사회 안보에 책임이 있는 직책으로서 이들 중에는 권력가의 야심이나 현재 입장에 전전긍긍하여 권력에 아첨하는 무리가 많았다. 따라서 경신 예언자들은 궁정

예언자들이 바르게 진언하지 않는다고 반박하여 이 두 부류는 항상 사이가 좋지 못하고 충돌이 잦았다.

③ **문서 예언자**: 참 예언자들의 말을 듣고 후대에 그 말을 문서화한 예언자들이다. 이들이 경신 예언자 부류에 속하는지 그렇지 않은지는 규명하기 어렵다.

④ **묵시 예언자**: 이들은 유배 전후로 나눌 수 있는데, 유배 전에는 하느님의 심판에 대한 경고를 하면서 유배는 하느님의 징벌이라고 강하게 질타한다. 또한 구원에 대한 약속도 주는데, 유배 후에 종말 예언이 주류를 이루었다. 그 대표적 예언서가 다니엘서이다.

이와같이 예언자의 부류 속에는 거짓 예언자와 참 예언자가 섞여 있었다는데, 거짓 예언자들은 하느님께 특별한 부르심을 받지 않았으면서도 하느님의 말씀을 위장하는 인간들이었다. 참 예언자는 개별적으로 하느님의 부르심을 받고 일정한 메시지를 받아 한정된 청중을 대하며 그들의 양심을 채찍질하였다. 이들은 하느님의 부르심을 받고 하느님께로부터 파견되었다는 이 두 가지 측면 때문에 특유한 신분을 부여받았던 것이다. 예수님께서는 "마음에 가득 찬 것이 입으로 나오는 것이다"(마태 12,34)라고 하셨듯이 참 예언자들은 말씀을 가슴에만 간직할 수 없어 주로 홀로 외치면서 예언활동을 했다. "주 야훼께서 말씀하시는데 그 말씀 전하지 않을 자 있겠느냐?"(아모 3,8). 이렇게 참 예언자들은 하느님의 뜻을 부패된 인간 사회에 전파해야 하는 의무 때문에 큰 고통을 수반한 삶을 영위했으니, 그때나 지금이나 말씀을 온전히 실행하자면 빠스카의 밤을 넘지 않으면 안된다는 교훈이 여기서도 생생하다.

4. 예언 시대의 배경

이스라엘 안에서 예언자가 특별한 존재로 부각되어 활약한 시기는 대개 4백~5백 년간이다.

예언자들은 자기들이 처한 악순환의 상황을 보고 하느님의 뜻을 선포하였기 때문에 그 시대적 배경을 간과해 버리면 예언의 내용을 충분히 이해하지 못하게 된다.

정치적 상황: 대제국들이 등장하여 전쟁이 치열한 때였다. 세계의 판도는 성지를 중심으로 아시리아나 바빌론 또는 에집트가 그 판권을 잡을 때였다. 따라서 팔레스티나는 전쟁의 와중에 몰려 불안할 때였고, 내세 또한 군주제 도입에서부터 왕조의 전성 시기를 거쳐 남북으로 양단된 혼란 시기에 통치자들은 올바른 정치를 펴지 못했다.

문화적·사회적 여건: 새로운 환경에 정착하면서 자기들보다 문화적으로 발달한 가나안 문명에 물들어 국가 군주체제를 도입함으로써 문제점이 빚어진다. 권력층들의 권력남용으로 불의가 성행되어 백성들은 억압과 착취를 당하여 빈부의 차가 격심해진다. 왕정의 병폐는 백성들의 생활을 도탄에 빠뜨리고 권력층들은 온갖 영화를 다 누렸다.

종교적 상황: 지금까지 자신들이 섬겨온 야훼 하느님에 대한 신앙은 큰 위협을 받게 된다. 원주민들이 가진 토착 우상들 특히 바알신 신앙으로 위협을 받아 야훼 하느님은 우주 만물을 창조하셨고 바알신은 풍요와 다산(多産)의 신으로 받아들여져 신앙에 심각한 혼란이 야기된다.

이러한 시대적 배경을 안고 예언자들은 하느님의 소리로 외쳤던 것이다. 그러나 그 소리를 듣지 못하는 무리는 예나 지금이나 여전히 있다. 우리는 원초의 인간 모습을 복구시키기 위해 지금도 교회를 통해 외치고 계시는 그리스도의 예언직에 참여함으로써 진정한 그리스도인의 사명을 다해야 하지 않을까.

5. 예언자들의 소명과 직책

예언자들은 여러 가지 양상으로 불림을 받는다. 말씀을 들음으로써나, 하느님의 형상을 보거나 또는 꿈이나 특별 환시를 통해 소명을 받는데, 일반적으로 내적인 초대 형식이며, 이 초대는 외적인 어떤 사건이나 목적을 기반으로 한다. 하느님께 소명을 받은 이들은 일찍이 어느 문명권에서도 찾아볼 수가 없는 양상으로 인간의 양심을 깨우치는 일을 했다. 이들은 인간의 마음의 뿌리를 뒤흔들어 마침내 한 인간의 삶을 하느님께로 송두리째 변혁시키고 마는 하느님 힘의 소유자들이다. 소명을 내리실 때 하느님께서는 완전히 주도권을 잡으시고 그 인격을 전적으로 지배하신다. 아모스는 "주 야훼께서 말씀하시는데 그 말씀을 전하지 않을 자 누가 있겠는가?"(아모 3,8)라고 했으며, 예레미야는 태내에서부터 꾀어냈다고 이야기한다. 호세아는 자기 결혼생활을 통해 하느님의 소명을 수행한다.

이렇게 예언자들은 갖가지 방법으로 불림을 받아 한정된 역사적 상황을 지니고 특정한 환경 속으로 파견되었다.

이들의 직무에 있어 먼저 유의할 것은 예언의 선물은 그들 자신의 유익을 위한 것이 아니라 청중을 위한 것임을 염두에 두어야 한다. 그랬기 때문에 예레미야 예언자는 그 일생이 모든 사람들로부터 달아나려고 애썼지만 하느님은 한 번 부르신 당신의 사람을 끝까지 놓아주지 않으시고 그 임무를 수행하도록 하셨

다. 따라서 이들은 자기의 백성들로 하여금 출애굽기 사건을 회
상하게 하여 불의와 부패 등 온갖 병폐로부터 탈출하여, 다시
시나이 사막에서 첫사랑을 속삭였던 그 아름다운 시기로 돌아가
구원에 동참할 수 있는 길을 열어주어야 했다.

그러므로 인간의 삶의 전 현장을 총망라하여 온갖 정치적·종
교적·사회적 긴장 속으로 뛰어들어야 했던 것이다. 그들이 파
견받아 갈 때는 흔히 위험에 직면했고, 자기 민족의 운명에 곧
징벌이 내릴 것이라는 것을 선고해야 하는 아픔도 견디어 내야
만 했다. 그러나 이들은 설사 자신들이 바라지 않는 환경이라
해도 자기 직무수행을 위해 용감히 설교하고 행동하는 실제적
활동가들이었다.

6. 예언자들의 메시지와 그 전달 방법

메시지는 유일신앙과 윤리적 경고, 즉 죄란 지극히 선하시고
능력 자체이신 하느님을 배신하는 행위로 하느님의 백성이라면
거룩해야 할 성성의 의무가 있다. 그리고 반드시 메시아가 탄생
하여 새롭게 통치하실 것을 그 내용에 담고 있었다. 전달 방법
은 여러 가지 유형이 사용되나 주로 구두로 하였고, 이를 예언
자 자신이 직접 또는 후대 제자들에 의해서 문서화되었다. 예언
문학은 말씀을 보존할 뿐 아니라 현실에도 적용시키는 데 목적
이 있다.

전달 방법의 유형을 보면,

① **신탁**: 하느님의 이름으로 하는 성대한 선언이다. "야훼께
서 이렇게 말씀하셨다", "이는 주의 말씀이니라" 등의 형식이
다. 여기에는 심판 신탁과 구원 신탁이 있는데 전자는 잘못에

대한 하느님의 벌로 비난 내지 경고로 나타나며, 후자는 앞으로 잘하면 용서해 주시고 구원해 주신다는 위로의 말씀이다.

② **보도 양식**: 예언자들의 생활 또는 그 행위를 전하는 것으로 자서전적 서술 양식과 전기적 서술 양식이 있는데, 소명에 대한 서술 보도가 가장 중요하다. 그러므로 중요한 예언자들의 소명사화에는 활동 소명이 집약되어 있다.

③ **비유문들**: 우의적으로 전한다. 예를 들면 이스라엘과 하느님 관계를 남녀관계로 표현하는데 호세아의 일생과 같은 것이다. 그리고 농경이나 목자를 비유로 하여 예언의 메시지를 전하기도 한다.

④ **기타**: 격언·찬양·노래·탄원·교훈 등으로 전달하는데, 애가나 찬미 시편들이 여기에 속한다. 이렇게 여러 가지 방법을 빌려 하느님의 뜻을 전달하는데 목덜미가 뻣뻣한 이스라엘은 결국 재앙을 면치 못하고 유배의 고배를 마시고 나서야 제 정신을 차린다. 사랑 자체이신 아버지 하느님께서는 당신 자비의 손길을 또 펴시어 모든 것이 마지막처럼 보이는 폐허 위에 해방자 그리스도를 우뚝 세우셨다. 이제 우리도 이미 영접한 메시아를 모독함으로써 하느님의 분노를 다시 사는 일이 없도록 들을 줄 알아 순종하는 덕을 배우자.

7. 예언 시대의 역사적 개관

성서상에 예언자가 등장하는 것은 기원전 1천3백년경 모세 시대부터 시작하여(출애 7,1; 민수 11,17-25) 사울왕 시대(1사무 9,9)로 이어지면서 뚜렷이 연속적으로 계통이 선다. 그런데 판관 시대 말기에는 "예언자들의 후예들"(예언직 종사자들, 1사무

10,5-6)이 등장하는데, 이들의 유별난 행동은 고대 근동 예언 현상을 방불케 한다.

이스라엘 안에서 진정한 예언 현상은 기원전 8~4세기까지 열왕들의 통치기간 동안 활동하였는데, 엘리야에서 시작하여 엘리사 그리고 최초의 집필 예언자 아모스에서부터 본격적 활동을 볼 수 있다. 예언은 북이스라엘 왕국과 남유다 왕국이 적대관계에 있었던 반 세기 동안뿐 아니라 유다 왕국이 홀로 존속하는 동안에도, 그리고 바빌론 유배기간 페르샤의 고레스 해방령으로 팔레스티나 본토로 귀향하여 절망적 상태에 빠진 시기에도 계속되었다. 이러한 예언 현상은 기원전 4백년경 그림자가 사라지듯 사라져갔다. 그 이후 메시아의 마지막 사자인 구약과 신약을 이어주는 세례자 요한이 등장하기까지는 더 이상 예언자가 없었다. 이들 예언자들이 활동한 시기를 셋으로 구분해 보면,

① **유배 전**: 북이스라엘에서는 엘리야·엘리사·아모스·호세아 예언자가, 남유다에서는 제1 이사야·미가·스바니야·나훔·예레미야·바룩·하바꾹 예언자가 활동했고.

② **유배 중**: 에제키엘, 제2 이사야가

③ **유배 후**: 하깨, 즈가리야, 제3 이사야, 오바디야, 말라기, 요엘, 요나의 활동으로 구분할 수 있다.

이상으로 볼 때 이스라엘이 태초의 혼돈처럼 암울하고 가장 어두운 시기에 처해 있을 때 하느님께서는 당신의 사람들을 보내시어 사랑하는 백성을 멸망의 구렁텅이에서 구하고자 하신다.

부르심과 응답의 상호 교류는 인간편에서 신앙의 눈과 순종의 마음을 가질 때 백 배의 상급을 약속하신 하느님이 옆에 항상 계심을 발견하게 된다.

8. 구조와 내용

① **구조**: 이들 예언서의 공통점은 종말론적 도식으로서 심판에 대한 경고와 구원에 대한 약속이 예언서 전반에 흐른다. 그리고 사건의 중요성이나 연대별로 묶은 것도 있으나 이 점은 일정치 않다.

② **내용**: 공통점은 현재를 중심으로 하여 과거를 돌아보고 미래를 전망한다. 이들은 끊임없이 과거의 사건을 회상하게 하는데, 모세를 영도자로 하여 에집트를 탈출한 그 위대한 사건과 길이 없는 광야의 생활중에 인도해 주시고 보호하시다가 시나이 산에서 맺은 계약은 하느님의 순전한 선물이며 백성은 충실히 따르기만 하면 된다는 것과, 가나안 땅의 점령과 다윗 왕가를 통한 메시아의 약속을 끊임없이 그리워하면서 현재를 직시하게 한다. 지금 결단하여 야훼를 따르지 않으면 결국 멸망하고 말리라고 외쳤다.

지금까지 살펴본 바로서 이들 예언자들은 전통종교 수호자들이며 진정한 의미의 종교개혁가들이다. 또한 현재의 인간으로서 그들이 처한 시대의 요청에 따라 정치·경제·문화·사회 등 각 분야에 나타난 죄악상을 질타하면서, 부정·부패·불의에 항거하여 왜곡된 진리를 바로잡으려 했다. 또한 이들은 미래지향적 인물들로서 그 시대를 개척하는 개척자들이었다. 이들은 하느님 말씀의 대변자들로서 말씀을 있는 그대로 백성들을 향하여 전달하는 사자(使者)였다.

오늘날 그리스도인이면 누구를 막론하고 하느님의 말씀을 받은 자들이므로 이 예언의 직무를 수행해야 한다. 우리는 말씀을 주신 그대로 선포하려고 얼마나 노력했던가? 그리스도께서 죽음을 이기시고 주신 생명에의 초대에 얼마나 적극적으로 참여했는지 반성의 기회를 가지자. 이제 우리는 그리스도의 삶을 본받음으로써 하느님과 사랑의 일치에 도달하기 위해서는 예언서를 더 가까이 접하면서 매일 봉독하여, 현재 우리에게 주시고자 하는 사랑의 경고를 따르는 데 더 이상 비굴한 자 되어서는 아니되겠다. 우리는 예언자들이 자기 직무에 충실했듯이 참 가치관을 잃어가고 있는 우리의 현재에 예언자적 소리를 외쳐야 할 때라고 본다.

II. 기원전 8세기의 예언자들

이스라엘의 왕정 초기부터 예언자로 불리는 부류가 있었으니 이들은 경신 내지 궁정 예언자들이었다. 그런데 문서 예언자가 등장하면서부터 이들의 예언이 거짓으로 밝혀져 그 공신력을 잃어감과 동시에 문서 예언자들의 중요성이 부각되어 나타난다. 후기 예언자들의 소리는 진정한 하느님의 말씀으로 그대로 실현되었는데, 신명기 학파의 영향을 받은 예언자들의 제자들에 의해 또는 직접 기록하도록 명하는 가운데 예언문학을 탄생시켜 오늘날 우리에게 전수되도록 하였다.

이들 예언자들이 활약한 시기는 이스라엘의 정치사를 대별하는 가운데 뚜렷이 드러난다. 남·북 왕국이 갈린 후 이스라엘 민족의 정치사는 북이스라엘의 여로보암 2세(787~747)와 남유다의 우찌야(781~740) 치세 때 군사·외교·문화·경제가 최절정에 이른다.

이후부터 내리막길로 치달아 두 왕국이 멸망의 심연으로 삼켜질 때를 전후하여 참 예언자들이 외세에 의해 몰락되어 가는 그들 삶의 산 증인들로서 백성들을 향해 예언을 하였다.

아모스서

1. 시대 배경

아모스는 북왕국 여로보암 2세와 남왕국 우찌야 치세 때(2열왕 14,23 - 15,7) 베들레헴에서 동남쪽 9킬로미터 지점의 유대 사막 부근의 드고아에서 태어나 목장 관리인으로 일하다가 하느님께 불림을 받고 북왕국으로 가서 예언활동을 한다(1,1: 기원전 760~750년경).

이 시대는 강대국이었던 아시리아나 에집트가 일시적으로 정치적 소강상태에 빠짐으로써 이스라엘은 자연히 나라의 전성기를 누리게 된다. 시골 사람 아모스가 북왕국의 수도 사마리아를 찾았을 때 그의 순박한 성품은 열화 같은 분노에 싸였다. 사마리아 도시는 벼락부자들의 사치와 향락의 도가니였다. 그는 우아하게 깎아 세운 상아보탑의 저택에서부터 아연해진다. 파티용의 화려한 안락의자와 침대하며, 여름에는 시원한 사마리아 언덕에 지은 별장에서 겨울에는 따뜻한 예리고 계곡 별장에서 계절에 따라 희락하는 무리들의 생활은 정의에 불타는 그의 가슴에 불을 질렀다. 고기 기름이 번지르르한 남아돌아가는 음식과 찢어질 듯한 음악에 맞춘 알코올의 향연에 비해 단칸방도 얻지 못해 토해내는 저소득층의 괴로움은 권력가들의 안중에 있을 리 없었다.

성문 앞 광장에서 재판하는 관리들은 뇌물에 따라 재판을 멋대로 하면서 뇌물받기에만 혈안이 되었고, 고리대금업자들은 부채를 진 사람들을 노예로 삼는가 하면 담보를 강제로 차압하고, 상인들도 가난한 이들의 피를 빨아먹는 착취배들이었다. 아모스는 이들을 향해 식인종들이라고 절규한다.

이들 권력가들은 가난한 백성을 착취하는 게걸스러운 탐욕가들로서 자기들의 배만 채우는 불의와 부패를 조장시킨 장본인들이다. 이제 백성의 소리를 들으신 하느님께서는 더 이상 참으실 수 없으시어 이 시대의 증인 아모스의 입에 당신의 정의를 담으시자 그는 썩어빠진 사회를 향해 돌진한다.

이런 시대의 죄악상은 죄에 물든 인류가 저지르는 권력남용에서 빚어진 것들로서 어느 시대를 막론하고 면면히 흐르는 어두운 요소들이다. 오늘의 우리 세대에도 예외없이 규탄되어 오는 아모스의 소리를 우리는 들을 줄 아는가 모르는가?

2. 인 물

유다의 목장 관리인이었던 그는 고대 이스라엘 예언문학의 효시라고 부른다. 아모스란 히브리어로 "주님을 짊어진 사람"이란 뜻을 내포하고 있으며, 그가 받은 소명은 군대식 소명체험으로 하느님의 명령과 부르심에 절대적으로 순종할 뿐만 아니라 하느님과의 끊임없는 대화를 통해 받은 계시를 백성에게 전한다.

그는 상당한 지식층의 인물로 뛰어난 논전가 모습을 보여준다. 사건을 질서정연하게 전개시키고 지혜문학의 표현법을 구사하며, 구체적이면서도 직접적인 문체를 사용하여 부도덕한 폐습으로 따라오는 종교 혼합주의를 규탄하다가 언론 탄압을 받아 급기야 지하운동으로 번져 일종의 저항문학의 성격을 띤 인물로 등장한다.

이 최초의 작가 예언자의 소리는 비밀문서처럼 지하에서 들려지게 된다. 이는 어느 시대에나 볼 수 있는 하느님의 정의와 인간의 존엄성 앞에 올바른 자세로 살아가려는 사람들의 부르짖음이기도 하다.

3. 구 성

폭발적 어투로 된 짧은 신탁들과 자서전적 성격을 띤 다섯 개의 현시 보도와 그에 대해 전해 내려온 전기 보도의 여러 단편들이 모여진 것으로 세 부분으로 나누어 이해를 더 쉽게 하여보자.

제1부(1,1 - 2,3): 폭력을 쓰는 인접국들에 대한 신탁이며

제2부(2,4 - 6,12): 이스라엘의 불충실에 대한 심판 신탁과 착각에 빠져 주제파악을 못하는 동포에게 주는 교훈과 경고를 담고 있다.

제3부(7,1 - 9,15): 다섯 가지 현시로 와해 직전의 이스라엘에 대한 신탁과 장래 회복을 약속하는 내용을 남고 있다. 이 일련의 내용이 시대순으로 편집되지는 않았지만 그 설교는 일관성이 있다.

제1부	제2부	제3부
1,1 - 2,3	2,4 - 6,12(14)	7,1 - 9,15
인접 국가들에 대한 심판 신탁	이스라엘에 대한 고발과 선언	다섯 가지 현시를 중심으로 수집된 신탁과 복구의 약속
예언자의 자기 소개, 폭력을 쓰는 이웃, 여러 나라를 향한 경고	착각에 빠져 있는 이스라엘을 교훈하고 경고함. 주의 날 – 심판의 날, 이스라엘의 남은 자	7,1 - 9,10: 하느님이 보여주신 다섯 가지 현시: ① 메뚜기 ② 거센 햇빛 ③ 다림줄 ④ 익은 과일 ⑤ 성전 붕괴 9,11-15: 장래 회복될 이스라엘의 번영

4. 주요 내용

이스라엘에 닥칠 불행과 비극을 절박하게 고하면서 특별히 하느님의 정의에로 불림을 받은 예언자 소리가 담겨 있다.

제1부: 인접 국가들에 대한 심판 신탁(1,1 – 2,3)

인접 국가들이 국제법을 위반한 악독한 처사에 대해 규탄한다. 예를 들면 다마스커스는 길르앗 주민들을 쇠꼬챙이가 박힌 타작기로 돌려 짓부수어 학살했다. 가자를 수도로 한 불레셋인들은 의지할 데 없는 약자들을 마구 팔아 노예로 전락시켰다. 또 띠로는 의형제를 맺고도 그 약속을 저버린 죄악을 고발당하며, 에돔은 칼을 들고 무자비하게 자기 형제를 추격했고, 암몬은 영토확장을 위해서 임신한 여인의 배까지 가르는 악행을 저질러 생명을 경시한 그 죄악은 극에 달한다. 모압의 악행은 죽은 에돔 왕의 시체를 꺼내 뼈까지 태운 극악무도한 행위로 사형수라도 누릴 수 있는 무덤 속의 휴식까지 갈취한 만행이라고 규탄받는다. 이들에게 신의와 자비를 찾아보려야 찾아볼 수도 없는 악의 심연만이 깔렸음을 폭로한다.

반영되는 신학은 이스라엘의 야훼 하느님은 역사의 주인이시며 모든 민족과 모든 나라의 하느님이시라는 보편적 신관이다.

제2부: 이스라엘에 대한 고발과 선언(2,4 – 6,12〔14〕)

인근 민족들에 대한 경고 못지않게 선민으로서 거짓 안심에 빠져 있는 동포들에게 내린 경고장이다.

그들은 하느님의 말씀을 경시하여 율법을 거부하였으며 따라서 계약을 깨뜨린 결과는 우상숭배를 만연시켰다. 여기서 아모스 특유의 사회 고발을 볼 수 있다(2,6-8; 3,9-11; 3,12-15; 4,1-3; 5,7-11). 그들에게는 정의란 눈곱만큼도 없으며 부가 불공평하게 분배되어 사회악이 만연된 원인을 권력가들의 권력남용으로 보고, 특히 그들에게 분노한다. 부자들이 "힘없는 자의 머리를 짓이기는 데" 분개하며 성문 앞에서 뇌물받기에 혈안이 된 가증스런 모습에서는 구역질을 느낀다.

이런 부정부패에 따라오는 종교상의 타락은 더욱 역겹다(2,8; 4,4-12; 5,4-6; 5,21-25). 겉치레만 번지르르한 형식적인 전례는 마음이 없는 허수아비 놀음이며 사치에 빠진 여인들을 "바산의 암소 같은 것들"이라고 말한다. 이제 이스라엘은 이 악행들을 감추기 위하여 빛보다 어둠을 택하여 심판을 자초하니 "주님의 날"(5,18-20)이 멸망의 날이 될 것이라 예고한다.

제3부: 현시로 보여주는 복구에 대한 약속(7,1 - 9,15)

상징적으로 나타낸 다섯 가지 현시들로 재앙이 임박했음을 예고한다. 처음의 두 환시는 메뚜기떼와 지하수를 모조리 삼키는 거센 불길로(7,2-6), 이는 국가의 기초를 흔들어 놓는 흉작과 가뭄에 대한 예고다. 셋째 넷째의 다림줄과 무르익은 과일 바구니는(7,7-9; 8,1-3) 와해 직전의 성벽을 의미하여 하느님이 개입하신 결과로 심판이 가까이 왔음을 말한다.

마지막 성전에 관한 현시는 결론 부분으로 야훼의 심판을 더 이상 피할 수 없다는 의미이다. 이 다섯 가지 현시들은 하느님의 정의의 심판 날인 "야훼의 날"에 대한 징표로 나타난다.

이 현시들에 관한 예언 중간에 아모스의 추방에 관한 기사가 (7,10-17) 자서전적 형식으로 언급되고 있다. 베델의 사제 아마지야가 아모스 예언자를 걸어 왕에게 국가 안보와 민중을 선동하는 위험한 인물로 고발한다. 이에 예언자는 북쪽에서 추방되어 유다로 쫓겨가 더 이상 예언 활동을 못하였지만 그의 예언은 제자들에 의해 수집되고 기록되어 저항문학 형식으로 지하에서 읽혀지게 되었다.

9,11-15: 그러나 이제 예언 저편으로부터 먹구름이 그치고 복구의 희망이 엿보인다. "무너진 다윗의 초막"을 다시 일으키시는 야훼의 사랑과 자비가 드러나고 있다. 이 심판 신탁은 수십 년 후 그대로 다 이뤄졌다. 이렇게 선고로부터 시작한 예언은 마지막 메시아 시대의 예언으로 희망의 빛을 던지면서 끝을 맺는다.

5. 종교적 가르침

① 정의의 하느님은 우주 만물을 통치하시는 보편적인 하느님이시다. 하느님의 정의를 대변하는 아모스는 특히 가난하고 소외된 자의 편에 서서 경고한다. 불의에 분노하시는 하느님의 말씀은 세기를 초월하여 인간들의 마음을 헤집고 질타하여 당신께로 돌아서게 하고 있다. 가난하고 소외된 자들에 대한 학대는 바로 정의의 하느님께 대한 도전이며, 한 나라의 존폐는 그 사회가 정의와 윤리도덕을 어떻게 실천하느냐에 달렸다. 나아가 소외된 자들의 권익옹호에 대한 배려에 따라 나라의 운명이 좌우된다고 외치는 아모스의 소리는 계약관계로 맺어진 이스라엘뿐만 아니라 인근 국가들의 악행을 규탄하는 속에서 그 보편성을 잘 나타내고 있다.

하느님은 이스라엘만을 돌보시는 편파적인 하느님이 아니라 손수 지으신 우주 만물을 다스리시는 보편적이고 유일하신 하느님으로 세기를 통한 심판관이시자 구원자로 드러난다(9,7).

② 인간들의 배신에 분노하시는 하느님을 만나 정의를 위해 혼신을 다해야 했던 아모스는 세상의 주재자이신 유일하신 야훼께 드려야 할 예배가 잡신들에게 바쳐지는 것을 경고한다.

그는 타락하고 형식에 그친 화려한 종교적 위선을 고발한다. 우주 만물의 생성·소멸은 유일하신 하느님만이 관장하시는 것이지 바알이 아니라고 깨우쳐 주면서, 우상숭배는 바로 멸망의 지름길이라고 외친다. 정신차리지 않고 계속하여 갖가지 우상들에게 마음을 빼앗기는 행위를 고치지 않는다면 "야훼의 날"은 구원의 날이 아니라 공포와 전율로 뒤덮일 통곡의 날이 될 것이라고 호소한다(5,18-20).

그는 유일신 사상을 더욱 순수하고 고차적인 경지로 이끌어 마치 불가항력처럼 보이는 거짓 권력과 이웃에 대한 폭력과 비행은 바로 한 분이신 하느님을 거스르는 어리석은 만행일 뿐이며 언젠가는 그 행위에 대한 보상을 반드시 받을 것이라고 경고하는 속에 회개할 것을 촉구한다.

이렇게 하느님은 구원의 하느님이심을 호소하는 아모스의 소리는 오늘날 우리에게 주는 경고이자 희망이기도 하다. 우리는 아모스의 눈길에서 공포를 느끼는가? 아니면 강물처럼 흐르는 평화를 맛보는가?

호세아서

1. 시대 배경과 인물

호세아란 히브리어로 구원을 뜻한다. 그가 하느님의 말씀에 사로잡혀 예언활동을 시작한 시기는 북왕국 여로보암 2세 치세 때이다. 기원전 750년경부터 시작하여 이스라엘의 마지막 왕인 호세아(예언자와 다른 인물)의 치세까지, 즉 사마리아가 아시리아의 사르곤 2세에게 함락당한 기원전 722년경까지 활약했다.

이 시기는 여로보암 2세가 죽자 수차의 왕위 찬탈로 암살과 음모가 난무하는 가운데 실제적으로는 무정부상태를 몰고 왔다. 한편 외적으로는 강대국의 침입에 시달렸고 아시리아를 종주국으로 섬기면서 갖가지 어려움의 와중에서 불안이 그 극에 달한 시기였다.

이에 따른 국민들의 생활은 말이 아니었다. 민생고로 허덕이는 백성들은 점차적으로 더 깊이 가나안 토착신에 의지하여 물질위주 생활로 치달아 야훼 하느님을 저버리는 그만큼 사회윤리는 시궁창 내음을 풍길 수밖에 없었다.

이러한 시기에 북부 이스라엘 땅에서 예언의 소리를 드높였던 호세아는 북왕국 출신으로는 유일한 작가 예언자이다. 호세아란 이름은 여호수아(민수 1,8)에 나온 것으로 “구하다·구하는 사람·구세주” 등의 뜻으로, 본래의 의미는 곤경에 처한 사람을 그 곤경으로부터 꺼내어준다는 의미다. 그에 관해서는 기괴한 결혼 사건 외에는 잘 알려진 바 없으나 그의 예언 신탁들 속에 담긴 예리한 비유들은 그의 인품을 어느 정도 반영해 주고 있다. 그는 상당한 지식층에 속한 인물로 추정된다. 왜냐하면 이스라엘의 과거 역사에 정통하여 저지른 과오에 대해 회개할 것을 촉구할 뿐만 아니라 역사를 통해 현재를 직시하라는 눈길이 대단히 정확하다. 또한 그가 구사하는 언어는 지혜문학적인 요소를 풍부히 내포하고 있는 점으로 보아서 지혜학원에서 교육을 받았다고 추정할 수 있다. 그리고 "하느님에 대한 지식"을 표현하는 점으로 보아서 사제단과도 밀접한 관계를 가진 인물로 본다.

그는 상상력을 풍부히 구사하는 인물로 남성으로서는 드물게 보는 섬세함을 보여준다. 자연의 아름다움을 마음대로 구사하고 자비와 자상한 애정을 가진 여성다운 일면이 있는가 하면 열정적이면서도 격렬한 성품을 나타내기도 한다. 자신의 결혼생활을 통해서 이스라엘과 하느님과의 관계를 상징적으로 나타낸다. 하느님을 표상하는 호세아는 부정한 아내를 끝까지 인내하여 깊은 이해로 받아들이는 아량 속에서 우리로서는 못다 이해할 아버지 하느님의 심오한 사랑을 드러내주고 있다.

2. 문학 구성과 근본 사상

구성: 예언 신탁으로 구성되어 있는 호세아서는 북왕국이 함락되고 유배당한 후에 제자들이 수집한 말씀을 유다 왕국으로 가지고 와서 편집·완성한 것으로 보는데, 크게 두 부분으로 나누어 볼 수 있다.

첫째 1-3장: 예언자의 결혼을 통해 야훼 하느님의 성실하신 사랑과 우상숭배로 매음의 영(靈)에 혼탁된 이스라엘과의 관계를 상징적으로 나타내는 설화 부분이다.

이 부분은 여로보암 2세(787~747) 치하의 후반기에 저술된 것으로, 1장은 제자가 쓴 전기이고 3장은 자서전적 설화 부분이며, 2장은 해설이라기보다는 오히려 1장과 3장의 테마를 조화시키려는 신학적 의미를 내포하고 있다.

둘째 4-14장: 여러 심판 신탁으로 이루어진 설교 부분으로 서두와 끝이 명확치 않아 그 구분이 매우 어려우나 각 신탁은 유사점을 가지고 메시지를 전달하고 있다.

제1부	제2부		
1 - 3장	4 - 14장		
자서전 장	예언의 장		
설화 부분으로 상징적으로 제시	설교 부분		
호세아의 개인 생활로 간음한 아내와 충실한 남편을 비유로 하여 이스라엘이 하느님과 맺은 계약을 드러낸다	4-8	9-10	11-14
	거룩한 하느님	정의의 하느님	사랑이신 하느님

근본 주제: 하느님의 한결같은 사랑과 구약의 은총론의 기반을 다져 하느님의 무한한 은총이 대주제음으로 흐르고 있다. 예언자는 자신의 기이한 결혼생활을 통해 한없이 은총을 베푸시는 하느님의 사랑을 말로써뿐만 아니라 실제 생활로써 전달하고 있다. 따라서 아모스 예언자가 야훼의 정의와 전능을 강조한다면, 예민한 감성으로 깊은 내면성을 간직한 호세아는 더 심오한 차원에서 하느님의 사랑을 계시해 주고 있다.

하느님의 인자(仁慈)가 이스라엘이라는 나라를 탄생시켰다. "나는 에브라임(이스라엘)에게 걸음마를 가르쳤으며 나의 품에 안아 주었다"(11,1 이하). 그러나 하느님은 손수 걸음마를 가르쳤던 백성들로부터 배신당하신다. 이렇게 배신당한 하느님의 사랑은 이제 심판과 파괴를 동반한 폭력으로 나타나면서까지 회개의 기회를 제공하는 기다리는 애인, 어머니의 사랑으로 묘사된다.

호세아가 파헤친 하느님과 이스라엘과의 관계는 하느님과 한 영혼의 관계를 그리는 영성생활의 표본으로서의 끝없는 사랑을 베푸시는 은혜롭고 자비로운 하느님을 우리에게 전달하고 있다.

3. 주요 내용

제1부: 설화 부분인 자서전 장(1-3장)

첫부분에서 호세아는 창녀와 결혼하라는 명령을 하느님으로부터 받고 고멜이라는 여인을 사랑하여 기이한 결혼을 한다. 방탕한 아내를 변함없이 사랑하는 예언자의 연민의 정은 인간에 대한 하느님의 한결같은 사랑을 애틋이 전하는데, 처절하기까지 보이는 연민의 정은 읽는 이의 가슴을 저미게 하고 있다.

그는 바람기 있는 여인에게서 세 자녀를 얻는데 장남을 "이즈르엘"(악행자를 벌하시는 하느님의 심판을 상징)이라 이름하고, 장녀는 "로루하마"(천더기)로, 차남은 "루하마"(내 백성)와 "암미"(귀염둥이)라는 구원 의미를 가진 이름으로 바꾸고 있다(1,3 - 2,1).

그런데 과거가 있던 아내 고멜은 결혼을 하고서도 과거의 버릇을 고치지 못하고 매음을 일삼는다. 그러나 예언자는 끝까지 인내로이 애정을 다하여 회개의 기적을 낳아 지금까지 불우했던 가정은 평화와 안정을 되찾는다(3,1-5).

이러한 일련의 결혼 사건을 완벽하게 재생시킬 수는 없지만 예언자의 아내는 신전에 봉사하던 창녀로서 매춘부였다는 설이 오늘날 가장 지배적이다. 그리고 우상숭배는 예언자적 표현에 따라 매음행위로 간주한다. 이제 바알 잡신에 더럽혀진 이스라엘의 오염된 신앙을 고발하는 가운데 그 간음행위는 심판을 받아 마땅하다고 경고하고 있다(2,2-13).

이어서 예언자는 회복과 축복의 대망을 암시한다. 메시아에 대한 희망의 실현은 인간을 해방하는 가운데 "그날이 오면 너는 나를 … 낭군이라고 부르리라. … 너와 나는 약혼한 사이. … 나의 약혼선물은 정의와 공평, 한결같은 사랑과 뜨거운 애정이다. 진실도 나의 약혼선물이다. 이것을 받고 나 야훼의 마음을 알아다오"(2,19-20) 하는 가운데 이제 두려움 대신 친밀한 연인으로 다가오신 하느님을 뵙게 된다.

비장하면서도 순수한 인간적 진리를 담고 있는 그의 결혼생활이 주는 의미는 결코 우의적일 수 없다. 이 속에서 우리는 셈족의 정신구조를 엿볼 수 있는데, 그들은 실생활에 일어났던 일들을 즐겨 문학 속에 표현해 오곤 한다. 이렇게 마음속의 내밀한 체험을 통해 하느님의 헤아릴 수 없는 사랑을 전달하는 예언자는 닥쳐올 고난은 과거에 대한 속죄이며 미래에 대한 출발점으로 이제 하느님과 이스라엘의 관계가 다시 회복될 것을 예견하고 있다.

1-3장의 사건 안에서 우리는 예언자가 남편과 아버지로서 얼마나 고통을 당하였는지를 이해할 때 이 사건의 진의를 올바로 이해할 수 있을 것이다. 그는 아내의 부도덕성과 밑바닥 인생을

통해 고통을 지나 해탈(解脫)과 인자(仁慈)가 무엇인지 깨달았
다. 이 인자를 야훼의 영역에까지 적용시키고 있음을 주지할 때
결혼생활을 통해 알려주는 예언자의 메시지를 이해할 수 있을
것이다.

제2부: 설교 부분인 예언의 장(4-14장)

이스라엘에 대한 심판 예언들로 이루어진 이 장들은 간음한
백성과 충실한 주님을 상징적으로 드러내면서 징벌(4,1 -
13,16)과 이스라엘이 다시 꽃피우리라는 구원에 대한 약속
(14,1-9)을 내포한 설교 부분이다. 그러나 여기의 주제는 선민
을 위해 돌보시는 하느님의 영원한 사랑과 은총이다.

세분하여 보면 4,1 - 5,7: 대부분 불신에 대한 비난들이다. 이
부분은 "이스라엘 백성들아, 야훼의 말씀을 들어라. 야훼께서 이
땅 주민들을 걸어 논고를 펴신다"는 법정 서문 형태의 설교로 구
성되어 있다. 여기서 제관들과 지도자들의 무책임과 그들의 죄
악 때문에 나라가 망한다고 경고하면서 "이 땅에는 사랑하는 자
도 신실한 자도 없고 이 하느님을 알아주는 자도 또한 없다"
(4,2)고 고발하는 가운데 부패된 사회상을 엿보게 하고 있다.

5,8 - 6,6: 심판에 대한 경고에 따라 백성의 탄식이 뒤따르고
이어서 하느님의 응답이 있다. 심판에 관한 호된 경고의 외침으
로 출발하여 백성의 탄식이 이어진다. 하느님의 분노에 충격을
받은 백성들은 "어서 야훼께 돌아가자. 그분은 우리를 잡아 찢
으시지만 아물게 해주시고 우리를 치시지만 싸매 주신다"라면서
이제 회개의 준비를 갖추고 하느님께서 자기들에게 호의를 보여
주시기를 기대한다(6,1-3).

그러나 야훼의 응답은 자비를 예시하면서도 "에브라임아, 너를 어떻게 하면 좋겠느냐? … 너의 사랑은 아침 안개 같구나. 그래서 나는 예언자를 시켜 너희를 찍어 쓰러뜨리고 … 내가 반기는 것은 제물이 아니라 사랑이다. 제물을 바치기 전에 하느님의 마음을 알아다오"(6,4-6)라고 하여 심판의 재앙을 피할 수 없음을 예고한다.

6,7 – 9,9: 역시 심판에 대한 예언으로 그의 종교관에서 기인한 왕권에 대한 정치비판이 신랄하다. 정치가들은 부정직하고 사기를 밥먹듯 쳐 권모술수만을 일삼는 자들이다. 어느 세기를 막론하고 이기심에 눈이 어두운 자들의 소행은 이렇게 드러나 비판받는다. 그들이 비록 왕들을 세우고 무너뜨리고 있으나 야훼께서는 모르는 바로서 왕위 찬탈에 따른 유혈의 음모를 공격한다.

또한 그들이 하느님께 의지하지 않고 유한한 것에 의지해 보아야 말짱 헛것이라고 맹타하는 속에서 우상숭배로 이끄는 외국과의 동맹을 징계한다. 따라서 북쪽 왕국의 군주제도가 그 원초적인 사명을 저버렸음을 질책한다. 이렇게 정치적인 혼란이 우상숭배의 길을 터놓았다고 예리하게 파헤친다.

9,10-17: 끈질긴 이스라엘의 죄악의 뿌리를 파헤치는데 재앙 예고는 지도자들과 백성들이 축제로 한창 흥청망청 흥거워할 때 내린다.

10,1-15: 이스라엘의 역사를 술회하면서 11절부터는 회개할 것을 호소하고 있다.

11,1-11: 특히 하느님의 사랑의 깊이가 감명깊게 묘사되어 있다. 분노와 연민 사이의 긴장은 호세아와 고메르 그리고 자녀들과의 가정생활의 체험을 넘어 배신당한 남편이라기보다 지극 정

성으로 자녀를 돌보시는 자비로우신 아버지의 모습이다. 이스라엘이 사막에서 방황하던 시절에 하느님께서 돌보시던 것을 회상하면서 하느님 높이로 사람들을 끌어올리는 것이 아니라 인간의 수준으로 내려오시면서까지 인간을 돌보시는 하느님의 애틋한 사랑이 절절이 배어 있건만(11,1-4) 그래도 이스라엘은 하느님을 배신한다. 그러나 "에브라임아, 내가 어찌 너를 버리겠느냐"(8절) 하시면서 심판의 벌을 후회하시는 하느님은 당신이 이스라엘을 끝까지 사랑하시는 근거를 "나는 사람이 아니고 신이다"(9절)에서 제시한다.

12,1-14: 돌아오라는 호소를 야곱을 예로 들어 말한다. 죄짓는 모양이 성조를 닮았다면 뉘우치며 울고 애걸하는 것도 본받아야 할 것이 아니냐!

13,1-15: 이스라엘을 다시 불러드리고자 하는 하느님의 뜻과 죄를 고집하는 백성이 대조되어 나타난다.

14,1-9: 구원에 관한 약속으로 예레미야서 못지않게 속죄와 통회의 시(詩)로서 희망적인 결론을 짓고 있다. 그리고 마지막 절은 지혜문학에서 빌려온 문체로, 지혜문학이 성서에 들어온 시대를 반영해 주고 있다.

인간의 회개는 자기 스스로의 힘으로는 결코 이루어질 수 없는 것으로, 재앙을 통해 정화된 이스라엘이 겸허해진 후에 은혜로서 기다리시는 하느님을 뵈올 수 있다고 결론짓는다.

억압하는 자들의 압제하에서 야훼의 정의로우심과 사랑에 힘입을 때 희망적인 미래가 펼쳐진다는 고무적인 성격을 드러내는데, 그 당대보다 후대에 예언자의 진실성이 평가된다. 그렇다면 호세아 예언 역시 현대를 사는 우리에게 외치는 소리가 아닐까! 만약 오늘날과 같은 불신과 퇴폐풍조 그리고 부정축재가 만연할 뿐 아니라 저소득층의 아우성을 호세아 예언자가 듣는다면 어떻게 외칠까! 호세아의 신앙을 전수받은 오늘날의 신앙인들은 야훼의 순수 신앙으로 되돌아가기 위해 이 시대의 증인으로서 무엇을 할 수 있을까!

4. 종교적 가르침

호세아는 자신이 체험한 정치·사회상과 결혼생활을 통해서 메시지를 힘있게 전달하고 있다.

① 사회·정치적 입장에서 위정자들이 자칫 걸려넘어지기 쉬운 권력남용에 따른 패륜(悖倫)을 비난하면서 예후 왕가의 잔인무도한 유혈극을 힐책한다. 이들이 정권 탈취를 위해 저지른 갖가지 음모가 얼마나 무서운 결과를 가져오는지 단죄한다. 이는 인류가 대지(大地)를 점하는 순간부터 오늘까지 자행하는 비리는 인간의 눈을 속일 수 있으나 살아 계신 하느님의 눈길은 아무도 피할 수 없다는 확증이다.

　그의 정치·사회 비판은 위정자들에게만 국한되지 않고 사회 전체를 대상으로 한다. 급류처럼 몰려오는 외국산의 홍수 속에 사회는 물질주의에 매몰되고 인간은 오만하게도 자만자족에 빠져 결과적으로 하느님을 망각한다. 그는 신앙의 대변자로서 이스라엘의 이러한 행위에 대하여 울분을 참지 못하고 자기 민족이 사막에서 야훼 하느님과 만나 속삭이던 때를 회상케 함으로써 그 순백한 신앙을 동경하게 종용한다(2,10).

② 그 메시지 속에는 하느님께 대한 지식을 일깨워 준다. 이는 레위인들과의 접촉에서 심화되는데, 과거 하느님의 위업을 선포하는 가운데(4,6) 백성들이 여기에 호응하여 지킬 계명을 일깨우면서 백성들이 이런 지식에 어두운 것을 지적한다. 이런 지식은 사제들이 백성들에게 전달할 의무가 있으며, 이것이 원활히 이루어질 때 하느님께서 당신 백성들에게 무엇을 원하시는지 충분히 깨달을 수 있다고 주지시킨다.

그는 이 관계가 계약의 관계여야 한다고 선언하면서 하느님과 이스라엘은 계약 당사자로서 이스라엘은 하느님의 배우자의 자격을 가진다고 한다. 이 전대미문의 새로운 계약 해설은 이스라엘이 하느님 백성으로서 가진 면모를 새롭게 한 예언이기도 하다. 따라서 이스라엘이 행한 매음의 행위는 바로 바알과 하느님을 동일시했거나 또는 혼동한 것을 꼬집으면서 자신들의 품격을 스스로 낮추는 행위에서 탈출할 것을 호소한다.

또한 그들의 실생활은 하느님을 그릇 이해한 탓으로 온갖 폭력을 초래했다고 비판하면서, 하느님이 사랑이심을 너희들이 안다면 이웃에 대하여 섬세한 배려를 해야 할 것이라고 꾸짖는 속에 일상 안에서 사랑을 구현할 것을 외쳤다.

또한 이스라엘의 과거의 역사를 들먹임으로써 하느님의 업적을 상기시키고, 그들의 옛 죄악을 들추어서 회개를 촉구하면서 신앙을 다져준다. 이렇게 하여 인간 체험으로 이루어진 역사는 인생의 스승이라는 실천적인 교훈을 남긴다.

③ 결혼 생활에서 얻은 체험은 헤세드(*hesed*, 사랑, 우정의 태도)를 심화시킨다. 이는 하느님께 대한 지식으로 따라오는 것으

로 제사보다 훨씬 중요하다. “헤세드”는 이스라엘 백성 서로간에 나누어야 하는 기본자세인 동시에 이스라엘은 하느님의 “헤세드”에 응답드려야 한다고 한다. 그런데 불행히도 백성은 “매음의 영(靈)”에 사로잡혔다고 고발하면서 자신의 결혼생활을 통해서 하느님의 불굴의 사랑을 유감없이 드러낸다.

이렇게 그는 정치·종교·문화가 위기에 봉착했을 때 회개를 부르짖는 사랑의 사자로서 그 사회에 효모 역할을 다한 거성으로 평가된다. 한 나라가 어떤 위기에 봉착할 때 위정자들은 자신들의 허위와 무능을 눈가림하기 위해 무력과 온갖 수단을 동원하여 자신들의 무능을 위장하려는 어리석음을 범한다. 그런데 하느님의 모상을 닮은 인간이 이런 어리석음을 그냥 외면하는 것은 사랑 없는 삶을 영위한다는 말과 같다고 본다. “지혜가 있거든 이 일을 깨달아라. … 야훼께서 보여주신 길은 곧은 길, 죄인은 그 길에서 걸려넘어지지만 죄없는 사람은 그 길을 따라가리라”(14,9). 한 예언자의 피맺힌 호소는 지금도 면면히 흐르는 호소로 신앙인에게 길을 제시한다. 이는 바로 우리가 어떻게 하느님과 인간을 사랑해야 하는지를 예수님의 삶으로 연결시켜 주는 속에 자신의 메시지를 전달하고 있다. 하느님의 사랑은 우리의 상상을 초월하고 있음을 호세아를 통해서 명상하자.

제1 이사야서(1-39장)

1. 개 요

이스라엘 예언문학의 보고(寶庫)라고 할 만큼 풍부한 어휘와 시적 감각으로 예리하게 필봉을 휘둘러 자기 시대를 대변하는 이사야서는 총 66편으로 된 방대한 예언집이다. 시편과 함께 신약성서에서 가장 많이 인용된 본 예언서는 한 사람의 작품이라기보다는 하나의 선집(選集)으로 인정하는 것이 오늘날 학계의 통설이다. 왜냐하면 예언서 전편을 통독하다 보면 시대와 시대의 도약이 엄청나게 큰 것을 발견하게 된다.

예를 들면 기원전 8세기의 남북 왕국의 퇴폐풍조와 불의를 응징하여 회개를 촉구하는 예언자의 소리가 갑자기 40장부터는 기원전 6세기 유배의 고배를 마시는 망국한(亡國恨) 속에 대속물로서의 야훼 종의 노래를 통해 구원의 서광을 비춤으로써 희망의 여명을 보여준다. 그러다가 56장부터는 또 다른 시대로 접어들면서 유배 후의 정황들이 묘사되어 나온다.

그런데 이러한 시대의 차이를 보이면서도 일관성있는 주제하에 근본사상은 어떤 통일을 가지고 있는 것이 특징적으로 나타난다. 따라서 원이사야가 예언활동을 한 이후 예언한 것들이 성취된 것을 목격한 제자들, 다시 말하면 이사야 학파에 의해서 시대 배경은 서로 다르면서 같은 문체로 일관성있는 작품이 이뤄졌다고 보고 있다.

  따라서 본 예언서 1-39장은 원이사야의 작품으로 보고 이를 제1 이사야라고 부르며, 아시리아 대신에 바빌론이 등장하는 기원전 6세기의 유배 이야기를 담고 있는 40-55장을 제2 이사야라 칭하며, 유배로부터 귀환하여 페르샤 제국이 등장하는 마지막 56-66장을 제3 이사야의 작품이라고 부른다. 그런데 이사야서라고 할 때에는 66장에 이르는 예언서 전체를 뜻하기도 하지만 전문적으로는 1-39장의 제1 이사야만을 가리킨다. 이렇게 세 부분으로 대별된 예언서 중 8세기에 해당하는 원이사야의 작품부터 살펴보자.

2. 시대 배경

이사야는 유다의 우찌야(기원전 781~740) 통치 말기에 소명을 받아 요담 · 아하즈 · 히즈키야(716~687) 시대까지(740~700) 예언활동을 했다(1,1). 그가 예언한 시대는 물질적으로 번영했으나 도덕적으로는 부패한 때였다. 이때 북쪽에서는 아모스와 호세아가 활동한 시기이기도 하다. 우찌야 말기가 지나면서 시리아와 북이스라엘 연합군이 유다의 아하즈에게 자기들과 합류하여 아시리아를 대적할 것을 권유하자 유다 왕 아하즈는 아시리아 세력에 더 위협을 느껴 고대의 나치라고 불리는 악명높은 늑대 아시리아에 빌붙음으로써 예언자의 소리를 거부하였다.

  따라서 온갖 우상숭배를 자초하여 자승자박의 길을 내닫는다. 이때 시리아의 다마스커스(732)와 사마리아(722)가 몰락하는 것을 목격하는 가운데 예루살렘을 향한 아시리아 제국의 위협이 극에 달하였다. 드디어 701년 예루살렘이 침공받아 조공국으로서 얽매여 야훼 신앙에 오점을 남길 때 "어느 제국의 힘도 위협적일 수밖에 없었다"고 이사야는 역사적 사건을 들추면서 왕과 백성들을 향해 선포한다. 그런데 그의 신탁들은 어디까지나 종교적 관점이므로 연대별로 씌어진 것이 아니다. 그러므로 역사의 흐름과 신탁 내용들이 반드시 병행을 이루고 있는 것은 아니다.

3. 인 물

그는 예루살렘의 한 귀족 가문에서 760년경 아모쓰(예언자 아모스가 아님)의 아들로 태어나 예루살렘에서 740년경 불림을 받고 예언활동을 했다. 그는 여예언자와 결혼했고(8,3), 두 아들의 이름이 다 상징적인 것으로 가족 모두 예언직에 종사한 것으로 보인다. 그를 일컬어 구약의 토마스 모어(1529~1532년 영국 재상을 지낸 바 있고 헨리 8세의 이혼문제를 끝까지 반대하다 참수됨)라 할 만큼 귀족 정치인으로 임금의 측근에서 왕족들과 고관들을 향해 자신있게 야훼의 응징을 전달한 출중한 인품의 소유자이다.

그는 두뇌가 명석하여 정치적 상황 판단을 정확히 했고, 당시 고등교육을 받은 예언자로서 뚜렷한 개성을 가진 비범한 인물이었다. 이사야는 고향 예루살렘의 지리뿐 아니라 한량들과 놀아나는 귀부인들의 꼴을 야유적으로 질타하면서 무허가 주택에서 기아에 허덕이는 백성들의 허덕임을 일필휘지로 내두르면서 천부적 시적 감각을 가지고 자기 시대를 대변한다. 그의 히브리 이름이 "야훼는 구원하시다"라고 하듯이 자기 민족의 구원을 위해 목숨을 내건 예언자 중의 왕으로 평가되는 인물로 탈무드 전승에서 므나쎄 치하 때 톱으로 두 동강 나 순교했다고 전한다.

4. 주요 사상

특출한 문필가이기도 했지만 종교인으로서 더욱 빛난 삶을 살고 간 이사야는 하느님의 초월적 성성(聖性)을 체험함으로써 인간의 비참과 죄악성을 통절히 느낀 성전의 사람이었다. 그는 거룩하신 야훼로부터 정화되어 자기 사명을 다하기 위해 온 생애를 불태운 사람이기도 했다. 이렇게 하느님께 매혹되어 내적으로 온전히 변혁된 그의 예언 속에는 임마누엘 신탁(하느님께서 우리와 함께 계시다)과 남은 자들의 무리 속에서 반드시 메시아의 출현을 보게 될 것이라는 사상을 담고 있다. 그러므로 남은 자들은 반드시 거룩해야만 거룩하신 분을 뵙게 된다고 하는 가운데 하느님을 거역한 선민뿐 아니라 모든 민족을 향해 인간 본연의 자세에 유념할 것을 촉구하고 있다.

5. 구 분

민족들이 타락의 길에서 종횡무진할 때 불림을 받은 이사야는 온 정열을 다 쏟아 야훼께 다시 돌아올 것을 촉구하는데 이를 다섯 부분으로 구분할 수 있다.

제1 이사야 1-39장

① 1-12장은 유다와 예루살렘에 대한 엄포로, 특히 예언자의 소명사화와 함께 임마누엘 신탁이 두드러지는 부분이다.

② 13-23장은 이방 국가들에 대한 신탁들로 대부분 시문(詩文)으로 이루어져 문학적 걸작품으로서의 기교가 이곳에서도 유감없이 나타난다.

③ 24-27장은 종말론적 신탁으로 흔히 이사야의 대묵시 부분
이라 부른다.

④ 28-35장, 이 부분 역시 종말론적 예언을 담고 있으며, 야
훼는 시온의 원수를 갚으시는 분으로 이 장들은 소묵시 부분이
라 불리기도 한다.

⑤ 36-39장은 역사적 부록 부분으로 2열왕기 18,13 - 20,19
를 발췌한 부분이다.

6. 주요 내용

제1부: 선민 이스라엘 전체를 향한 메시지(1-12장)

1장: 이사야의 설교활동을 요약하는 서론이라 할 수 있다. 이
스라엘 민족의 겉꾸미는 예배는 미련하기 이를 데 없는 배은망
덕이며, 계약을 맺은 야훼의 말씀을 받아들이거나 또는 거부하
는 반응에 따라 심판 아니면 구원의 결과를 가져온다는 심판 신
탁이다.

2-5장: 예언활동의 초기에 발설된 신탁들로 추정되는 이 부분
은 예루살렘의 미래에 대한 두 가지 행복 선언과 함께 교만함과
무정부 상태를 예리하게 비판하는데, 특히 수도 예루살렘의 부
녀자들을 향한 질타가 엄청나다. 머리에 든 것 없는 경박한 여
인들의 허영과 오만을 규탄하는 가운데 상대적으로 가난에 찌들
린 백성들이 자기들의 설 자리는 고사하고 멸시와 천대 속에 권
익을 옹호받지 못하는 이들을 대신하여 외친다.

이들 소외된 자들의 대변자 이사야가 오늘날 다시 온다면 가
진 자들의 횡포로 하늘이 무너지는 참담함을 겪는 저들을 옹호

예언자 자신의 시대				유배 시대		귀환 후
제1 이사야 (1– 39장)				제2 이사야 (40–55장)		제3 이사야 (56–66장)
1. 1 – 12. 6	13. 1 – 23. 18	24. 1 – 35. 10	36. 1 – 39. 8	40. 1 – 48. 22	49. 1 – 55. 13	56. 1 – 66. 24
이스라엘과 유다에 관한 예언	이교 백성들에 대한 신탁	묵시 부분	역사 부록편	구원 약속	구원 준비	구원 실현
1장: 선교활동을 요약하는 신탁들 2-4장: 초기 신탁들 5-11장: 옛 신탁의 수집물 6. 1 –9. 7: 이사야의 소명과 임마누엘 신탁 12장: 결론적 시가	선민에게 적의를 품은 이방 민족들에 대한 신탁	24-27장: 이사야의 묵시록 28-33장: 약속과 권고의 신탁 34-35장: 야훼의 세계	세 가지 예언의 실현 (2열왕 18. 13 – 20. 19)	구세주 찬미가 참 하느님	새 예루살렘 찬미가 고통받는 메시아	찬양과 경고 주님의 통치
하느님의 거룩하심, 의로움, 정의, 심판, 절대적 신뢰				하느님의 위로, 은총, 자비, 영광		

하며 목이 터져라 외칠 것은 자명하지 않은가. 이사야는 사람들이 저지른 일에 앙갚음받을 날이 반드시 오리라는 경고장을 주고 있다. 이 부분은 바로 현재를 촉구하는 영원한 말씀의 위력이 두드러진 부분이라 하겠다.

5장: 이사야의 문학적 기교를 유감없이 드러내는 "포도밭의 노래"는 이사야의 초기 예언을 이해하는 데 열쇠이다. 흔히 야훼와 이스라엘의 관계를 이성간의 관계로 상징하여 나타내는데, 특히 계약관계를 상징한다. 처음에는 매혹적인 사랑의 노래로 시작하다가 그토록 총애받는 사랑스런 이스라엘이 그만큼 배반하는 배은행위를 풍자하여 들려준다. "포도가 송이송이 맺을까 했는데 어찌하여 들포도가 열렸는가!"라며 이제 더 이상 사랑의 속삭임이 아니라 심판의 공포로 끝맺는다. 이것은 사회·종교적 비평으로 하느님의 기대와는 다르게 "들포도"로 드러난 공정과 정의가 땅에 떨어진 사회악에 대한 지탄이다.

5장에서 바로 이어지는 부분은 9-11장으로 추정되는데 이 부분은 여러 시대에 걸쳐 발설된 것으로 여러 가지 재앙에 이어 11,1-9는 메시아적 행복 선언으로 끝을 맺고 11,10-16은 유배 이후의 유다이즘의 복구를 담고 있어 후기 제자들에 의해 첨부된 것으로 추정된다.

6-12장: "임마누엘의 책"이라고 부를 만큼 이사야서 전체에서 가장 아름다운 부분이기도 하다.

6장: 이사야의 소명으로 이 단락의 서론 부분이다. 청년 이사야가 성전에서 야훼의 장엄한 현시를 처음 뵙고 그 경이로움에 전율하면서 소명받는 부분이다. 왕의 사자로서 파견되는 소명 형식을 살펴보면, 옥좌에 앉은 임금으로 나타나신 하느님의 위엄과 거룩하심을 최상급으로 나타내는 "거룩하시다, 거룩하시다, 거룩하시다"(6,3)라는 스랍(하느님께 대한 사랑으로 불타고 있는 자란 의미로 천상에서 하느님을 모시는 천사 가운데 하나)들의 읊조림에 이어 예언자는 자신과 동포들의 부당함을 뼈저리게 체험하면서 "만군의 야훼를 눈으로 직접 뵙다니 이제 죽었구나"(6,5 참조) 한다. 야훼의 거룩함을 체험한 이 신앙고백은 하느님은 인간이 아니라 하느님의 하느님이심을 드러내는 것이며, 하느님이 이 세상에서 활동하시지만 이 세상에 갇혀 계시는 분이 아니며, 인간의 목적이나 이해에 따라 통제되거나 제어할 수 있는 분이 아니라는 의미다. 따라서 인간의 실존(實存)은 전적으로 그분께 달렸다는 뜻을 내포하기도 한다.

이사야가 기절(氣絶)할 지경에 이르렀을 때 천상의 스랍들로부터 불로 입술을 정화받는다(6,6-7). 이는 하느님의 말씀을 대변하려면 먼저 정화되어야 한다는 사실을 암시한 것이다. 이어서 하늘의 어전회의 광경을 엿볼 수 있는데 "누구를 보낼까?" 하는 지존하신 분의 물음에 "제가 있지 않습니까? 저를 보내 주십시오" 하는 자원 속에 그 소명이 얼마나 암울한 시기를 지나야 하는지를 야훼의 말씀에서 감지하게 한다(6,9-12). 멸망을 선언하는 속에는 그래도 한 줄기의 빛 "이렇듯 찍혀도 그루터기는 남을 것인데 그 그루터기가 곧 씨다"(13절)라는 말씀으로 하느님이 자기 민족들 안에 함께하리라는 확신을 잃지 않고 있다.

이것은 남은 자 사상, 즉 죄의 대가로 심판을 모면할 수 없겠지만 결코 모두가 멸망하는 것이 아니라 하느님의 어여삐 여기심을 받은 소수의 사람들이 반드시 돌아올 것이며 이 무리 속에 먼 옛적 다윗 가문에 약속하신 메시아 탄생이 있으리라는 확신이 있다. 이 임마누엘 신탁은 하느님이 우리와 함께 계시다는 대망에 찬 예언 절이다.

7-8장: 예언자가 아하즈 왕과 대면하는 장면으로 그 시대의 역사적 배경을 깔고서 메시아에 대한 예언으로 이끌어 최절정에 달하고 있다. 유다는 시리아와 사마리아의 연합군에 몰려 왕과 백성들의 마음이 바람에 휩쓸린 수풀처럼 흔들리고 있을 때 당황한 유다의 아하즈 왕은 아시리아에게 조공을 바치고 원군을 청하고자 한다. 이때 대예언자 이사야가 나타나 "너희가 굳게 믿지 않으면 결코 굳건히 서지 못하리라"(7,9) 하면서 야훼만이 진정한 보호자이시며 동맹군이라는 신앙과 구원의 관계를 일깨운다.

아하즈의 징표 요구에 예언자는 저 유명한 "동정녀 잉태"란 전대미문의 예언을 하여 무한한 능력자이신 야훼의 이스라엘에 대한 관심을 표명하고 증명한다. 이 예언 절은 여러 가지로 해석되고 있으나 예언자 자신도 모르는 동정녀의 잉태를 예언하여 임마누엘 신탁 안에 주 예수님의 탄생을 이미 여기서 예보하고 있다. 이 말씀은 전지전능하신 하느님께서 우리와 함께 계시다는 확약으로 인간이 하느님을 배신하는 그 순간에도 "임마누엘" 신탁을 주시어 모든 믿는 자들의 마음 안에 격려와 대망을 안겨주고 있다.

이런 희망적인 예언 속에서도 불신앙이 표상처럼 등장하는 유다의 왕 아하즈는 아시리아의 역겨운 풍속을 답습하여 끝내는 자기 아들마저 불살라 제물로 바치는(2역대 28,3) 만행을 저지른다. 그렇지만 무능한 우상이 돌보아 줄 수 없는 자명한 사실을 증명이나 하듯 아시리아의 침공을 모면하지 못한다(7,18-25). 그러나 이사야 자신과 아들과 온 가족이 하나의 표징이 되어 이스라엘 안에 하느님이 함께하신다는 구원의 희망이 이어진다(8장).

12장: 이 단락의 결론으로 감사의 시편과 종말론적 찬미가로 이루어져 있다. 이렇듯 예언자의 외침 속에는 삶 안에서 어두운 그림자를 드리운 답답함이 있을지라도 저 임마누엘 신탁은 대망을 던져준다. 왜냐하면 당파 싸움을 방불케 하는 정치인의 세계와 끊임없는 데모 소동, 그리고 외채로 허덕이는 경제난의 소용돌이도 부정과 자신의 이익을 위해 모든 것을 불허하는 악의 세력이 물러갈 때, 그리고 조국을 진정으로 아끼는 남은 자들 안에서 하느님은 반드시 인간의 삶 깊숙히 자리하실 것이기 때문이다. 여기에 예수님으로 도래된 메시아 나라의 승리는 자명하지 않은가!

제2부: 이교 백성들에 대한 신탁(13-23장)

이교 백성들에 대한 신탁문으로 이루어진 걸작품으로, 하느님의 백성을 집적거려 괴롭히거나 악을 일삼는 인근 민족을 저주하는 신탁들이다. 여기서 특기할 수 있는 것은 야훼께서 이스라엘의 배반을 벌하실 때 도구로 사용했던 이교 민족이라도 죄악을 범하면 가차없이 심판대에 서게 된다는 경고이다.

자기가 범한 죄를 구렁이 담넘어가듯 은근슬쩍 피할 수 있는 것이 아니라 야훼 앞에 추풍낙엽 같은 인간의 나약한 운명이 소상히 밝혀진다.

13-14장: 후대의 것으로 추정되는데, 특히 14장은 구약에서도 가장 끔찍한 표현으로 세상을 공포의 도가니로 몰아넣었던 폭군들의 최후를 조롱하는 만가(輓歌)다.

폭군들과 불의를 자행하는 인간들이 도저히 야훼의 눈길을 피할 수 없어 그 최후는 벌레와 구더기가 들끓는 무덤이 마지막

이불이라는 저주를 받는다. 이렇게 포악무도한 자들을 대상으로 하는 신탁 속에는 간접적으로 유다를 향한 고발도 담겨 있다.

썩어 없어질 세력을 두려워하거나 아니면 그런 것에 의지하려는 신앙 없는 행위를 경고한다. 아시리아와 불레셋(14), 시리아와 이스라엘(17)을 표적하여 공격할 뿐만 아니라 유다와 예루살렘, 그리고 관료인 셉나라는 한 개인(22)을 향하여도 비수 같은 심판이 내린다.

특히 20장에서 에집트와 에디오피아를 대항하는 표적으로 예언자는 야훼께 명령을 받는다. 그는 알몸과 맨발로 다니는 상징적인 행위를 3년 동안 하는데 이는 악명높던 아시리아처럼 에집트와 에디오피아의 힘도 부질없는 것이므로 그러한 악에 동조하지 말라는 경고이다. 이 상징적 행위는 인간의 힘이 아무리 강해도 끝내는 알몸뿐인 무력함만이 그들의 최후라고 현재를 직시하게 하는 교훈이 담겨 있다.

"태양은 말없이 비치며 열을 내고 이슬은 햇살이 따슨 가을철에도 조용히 내린다. 나도 내 처소에서 가만히 지켜보리라"(18,4) 하신 말씀으로 하느님의 무한하고 크기만 하신 능력에 비해 한갓 피조물에 지나지 않는 인간들의 무력함이 비유되면서 하늘 무서운 줄 모르고 날뛰는 행위는 무서운 결과를 초래할 뿐이라는 섬뜩함이 담겨 있다.

19장: 비록 이방 민족이라도 야훼의 눈에 어여삐 드러날 때는 구원함이 있을 것이며, 인간의 숱한 범행에도 끝내는 만방의 백성들이 야훼께 드릴 예물을 가지고 만군의 야훼 이름을 모신 시온 산으로 모여올 것(20장)이라는 야훼 승리의 날을 묘사함으로써 하느님의 보편성이 두드러진다.

22장: 예루살렘에 내리시는 책망을 듣고 "내일이면 죽을 몸 실컷 먹고 마시자"(13절) 하는 찰나적인 삶을 향유하는 무리가 있는가 하면, 정신을 바짝 차리고 다가오는 재난에 대비하여 더 가치있는 삶을 추구하는 무리도 있다(23장).

이상의 이방 민족을 향한 심판 신탁은 이 불확실성의 시대를 살고 있는 우리에게 진리를 따라 더 진실되게 살아갈 것을 촉구하면서 창조주에 대한 신앙고백을 하게 한다고 본다.

제3부: 이사야의 묵시록(24-35장)

① **24-27장**: 이사야서에서 대묵시록으로 불리는 이 부분은 하나의 독립된 책으로 다니엘서와 함께 구약에서도 가장 후대의 것으로 추정된다. 이 부분은 신약의 요한 묵시록이 가장 많이 인용하고 있다. 아득히 먼 훗날 하느님이 온 세상을 심판하실 때 하느님께 끝까지 성실했던 사람에게는 완전한 행복이 주어지는 세상 종말의 사건을 묘사하고 있다.

24장: "산천은 메마르고 세상은 파리해지니 하늘도 땅과 함께 슬퍼한다. 주민의 발에 밟혀 땅이 더러워졌다. 그들이 법을 어기고 명을 거슬러 영원한 계약을 깨뜨린 때문이다. 그리하여 온 땅은 저주를 받고 주민은 처형된다. 세상의 주민은 거의 다 불에 타 죽는다"(4-6절). 더불어 땅이 바닥째 뒤흔들리면서 마구 갈라져 무너져 내린다.

25장: 대지진으로 말미암아 세계가 단숨에 꺼져가는 듯한 표현으로 종말의 날을 생생하게 그린다. 그런데 이제 야훼께서 영원히 죽음을 삼켜버리시고 모든 얼굴에서 눈물을 닦아주실 것이라는 약속이 드러난다.

26장: 선인의 최후를 희망차게 그리는 장엄한 선언은 야훼의 이름을 깊이 그리워하면서 그 법이 세상에 빛나는 때로 묘사된다. 이때는 세상 주민들이 정의를 바로 배울 것이며 하느님의 재판이 공정히 내릴 것이라는 환성은 오늘날 의식 있는 사람들의 갈망이자 가슴을 찢는 절규로도 들려온다.

② **28-35장**: 유다 왕 히즈키야가 즉위한 후부터(기원전 715) 아시리아가 유다를 침공할 때까지(701)의 시대 배경이다.

28-33장: 사마리아의 멸망을 이야기하는 가운데 유다의 불행을 예고한 이사야 자신의 작품으로 추정한다.

34-35장: 종말론적 성격을 담고서 이사야의 소묵시 부분이라고도 불리는 것으로 유배 후의 작품으로 추정된다.

28장: 에브라임을 내리치는 엄벌로 "술에 취한 에브라임의 교만한 면류관은 화를 면치 못할 것"이라는 표현 속에 그들의 영화와 자멸의 길이 어떠할는지를 읽게 한다. 그릇된 종교 지도자들과 정치 지도자들을 내리치는 말씀 가운데 "기초가 되는 머릿돌의 신학"으로 경고하면서 농부에게서 하느님의 태도를 배우게 한다. 밀알이 부서지도록 무작정 두드리지 않으시는 하느님의 손길을 깨우치는 동안에 놀라운 계획을 멋지게 이루시는 야훼의 역사(役事)하심을 감지하게 된다.

29장: "아 슬프다 아리엘(이스라엘)이여"란 야훼의 탄식은 아무리 가르쳐도 소경처럼 보지 못하는 예루살렘 성도들의 무지를 읊고 있다. 저들에게 모든 계시가 훤히 드러났지만 마치 밀봉된 책에 씌어진 말씀과 같이 맹목적이고 어둔하게 닫힌 마음에는 명경같이 비추는 야훼의 맘을 읽을 눈이 없다. "말로만 나와 가까운 체하고 입술로만 나를 높이는 체하며 그 마음은 나에게서 멀어져만 간다"

(13절)고 안타까운 표현으로 옹기장이와 옹기 흙이 결코 같을 수 없다는 비유로 그 진수를 찌른다. 그러나 야훼의 성실하심 때문에 결국은 구원이 올 것이라는 구원 신탁이 여전히 담겨 있다.

30-31장: 평화와 나라의 안녕을 위해서 신이 아니요 사람일 뿐인 아시리아나 에집트와 동맹을 맺을 것이 아니라 예루살렘을 진정으로 지키시는 만군의 야훼께로 회개하고 돌아와 그 마음을 드릴 때 진정한 평화를 맞으리라는 기다림을 담고 있다.

32-33장: 무사태평한 여인들과 정의를 짓밟고 파괴를 일삼는 자들에게 화가 있을 것이라는 경고를 담고 있다. 이제 거리에서 애곡하는 소리가 끊이지 않을 것이며 평화의 사절단이 기가 막혀 통곡하는 소리만 텅 빈 거리에 메아리되어 울릴 뿐이다. 이런 비참한 폐허에서 힘찬 발자국 소리가 들려오니 그것은 힘차게 일어나시는 야훼의 모습이다.

34-35장: 하느님께서는 착취로 돈을 벌지 않고 뇌물을 마다하고 뿌리친 사람들에게 높은 곳에 올라가 살 수 있는 튼튼한 성곽을 마련해 주시니 이곳에 사는 백성은 이제 모든 죄를 용서받고 몸이 아프다고 탄식할 자 아무도 없을 것이다. 이 구원의 날에 대한 소식은 선한 자들이 안심하고 선행을 하면서 현세적 어려움을 극복하게 하는 위무로써 보충적 결론이다.

특히 35장에서 마지막 날에 아무런 고통도 탄식도 없는 영원한 본향을 그리는 "꽃피는 사막의 노래"에서 모든 것이 기뻐 용약한다는 묘사는 야훼께서 되찾으신 사랑의 길이 이러하다고 결론을 맺고 있다. "휘청거리는 두 무릎을 꼿꼿이 세우고 용기를 내어라. 무서워 말아라. 너희의 하느님께서 원수 갚으러 오신다. … 그때에 소경은 눈을 뜨고 귀머거리는 귀가 열리며 절름

발이는 사슴처럼 기뻐 뛰며 벙어리도 혀가 풀려 노래하리라. 사막에 샘이 터지고 황무지에 냇물이 흐르리라. …"(35,3-6).

지금까지 찌들리고 억눌렸던 선한 백성들의 끝 길에는 빛과 광영만으로 그 길이 온통 훤하여 "거룩한 길"이라 부를 것이다. 이에 반해 부정한 사람은 결코 그리로 지나가지 못할 것이며 건짐을 받은 사람만이 지날 그 끝없는 행복의 길이 마지막 날에 있을 것이다. 이때는 온몸이 기쁨과 즐거움에 젖어들어 아픔과 한숨은 간 데 없이 소리칠 그 "야훼의 날"에 우리 모두는 그 어느 지점을 점유하고 설 수 있을까? 아픔과 한숨이 간 데 없이 거룩한 길에서 하느님을 찬양하는 순백의 대열에 서고 싶다는 갈망은 모두의 갈망이지 않을까.

이는 지금 곧 결단하고 하느님의 길을 걸으라는 선하시고 구원하시고자 하는 우리 주님의 부르심이며 손짓이지 않을까. 여기 하늘을 우러러 한 점 부끄럼이 없는 삶에로의 초대는 각 개인의 과제일 것이다.

제4부: 역사 부록편(36-39장)

예루살렘을 위협하면서도 구원의 빛을 보게 하는 역사 부록편으로 후대의 편집으로 추정된다(2열왕 18,13 - 20,19 참조). 예레미야 52장처럼 이사야의 예언이 실현되었다는 것을 증언하는 호교론적(護敎論的) 성격 속에 자기들의 역사를 돌이켜보면서 하느님의 정의를 상기시키고 자신들의 부당함을 고발한다.

이 부분은 세 가지 설화로 이루어져 있는데

첫째, 36-37장: 아시리아 산헤립의 예루살렘 원정 때(기원전 701)의 일이다. 그 시종무관이 히즈키야 왕에게 "네가 무엇을 믿고 이렇게 자신만만이냐. 참모도 없고 군대도 없는 주제에 입술의 빈말만으로 싸움을 이길 수 있다고 생각하느냐?"(36,5)고 얕잡아 보면서 온 이스라엘 백성을 향하여 히즈키야 왕에게 속지 말라고 교란시키는 꼴이 어벌쩡하나 곧 야훼와의 대결이 얼마나 어리석은 짓인지 드러나고 만다.

그러나 37장에서 히즈키야 왕이 이사야 예언자에게 "우리는 마치 아기를 낳으려 하나 아기를 낳을 힘이 없는 산모와 같소. 아시리아 왕이 보낸 시종무관이 살아 계신 하느님을 조롱하여 한 말을 모두 다 들으셨을 것이오. … 살아남아 있는 사람들을 위하여 기도드려 주시오"(3-4절)라는 간청과 더불어 야훼께 문의해 달라는 요청에서 이미 결론을 본 듯하다. 이사야는 국왕을 격려하여 계속 저항하라고 하느님의 뜻을 전하였다. 그러나 무모한 저 시종무관은 끈질기게 야훼를 모독하면서 지금까지 자기들의 전적을 나열하면서 위협했다.

이때 히즈키야 왕은 야훼전으로 올라가 거룹들 위에 좌정하시어 온 세상을 다시리는 만군의 야훼를 찬양하면서 저 무모한 적들의 조롱을 들으시고 저들의 손으로부터 구원해 달라고 애원했다. 이 간구를 들으신 야훼께서 이사야를 보내어 하느님이 지켜 주시는 만큼 예루살렘은 무사할 것이며 저들은 자기들의 하잘것없는 힘을 믿고 날뛰나 저들의 신세는 마치 들의 식물 같고 동풍에 날려가는 지붕 위의 마른 풀과 같이 될 것에 지나지 않는데도 야훼를 거역하여 품고 있는 분노와 오만이 가당찮다.

따라서 산헤립의 말로는 코에 쇠고리가 꿰지고 입에 재갈이 물려 왔던 그 길로 되돌아갈 것이라는 선고가 내렸다. 결국 산헤립의 군대는 십팔만 오천 명이나 야훼 천사의 손에 의해 내침을 당하여 들녘에는 시체가 즐비했다. 이에 막사를 거두고 시체를 넘어 니느웨로 돌아간 산헤립은 자기 아들들에 의해 시해되고 말았다. 특히 37,23-35까지는 아시리아 군대로부터 보호해 주신 야훼의 구원 업적을 기리는 아름답고 정열적인 찬양시이다. 아시리아 군대와의 대결을 담고 있는 이 설화는 앞으로 나올 두 설화보다 후대의 것으로 추정된다.

둘째, 38장: 히즈키야 왕이 죽을 병에 걸렸을 때 자기의 과거를 뒤돌아보면서 야훼에 대한 선하고 충성스러웠던 일들만 기억하시어 병을 거두어 달라고 매우 슬피 울면서 몸부림친다. 야훼께서는 그 애곡을 들으시고 이사야를 통해 15년의 세월을 덤으로 주신다고 약속한다. 이에 왕은 야훼를 찬양하는 감사가를 읊는다. 생명의 주재자이신 야훼를 이승에서 찬양하는 소리 드높이며 그 성실하심을 증언하겠노라고 충성을 드러냈다.

셋째, 39장: 히즈키야의 완쾌 소식을 들은 바빌론 왕이 특사를 보내어 편지와 예물을 전하자 왕은 사절단을 영접하여 보물창고의 모든 것을 보여준다. 따라서 야훼의 말씀을 전달하는 이사야는 바빌론의 포로생활을 예언함으로써 유다 왕국의 호된 시련을 내다보게 하는 것으로 제1 이사야는 막을 내린다.

7. 종교적 가르침

이사야는 하느님의 거룩하심과 그 앞에 있는 인간의 불순하고 죄많음을 깊이 체험한 예언자로서 정화되는 과정을 통해 자신의 사명을 정확히 깨달아 힘있는 말로써 자기 백성의 불신을 고발한다. "소도 제 임자를 알고 나귀도 주인이 만들어 준 구유를 아는데 이스라엘은 아무것도 알지 못하고 내 백성은 철없이 구는구나"(1,3)는 묘사로써 하느님을 저버린 동포들의 만행을 심판한다.

그러나 징벌이 멸망으로 끝나는 것이 아니라 반드시 살아남은 자들이 돌아와 약속하신 유산을 받을 것이다. 따라서 이 유산을 받을 자들은 반드시 거룩하신 야훼처럼 거룩해야 하며 여기서 하느님이 우리와 함께 계시다는 "임마누엘 신탁"을 한다. 이 하느님이 당신 백성 가운데 현존하신다는 메시지는 동정녀의 잉태에서 그 절정에 달한다.

이로써 죽음을 극복해 주실 예수 그리스도를 예고하는 가운데 이스라엘에만 국한된 것으로 알았던 구원이 온 세상을 향하여도 열려 있다는 하느님의 보편사상을 두드러지게 전달한다. 이같이 항상 동포들의 등대 역할을 다한 예언자의 전갈은 오늘날도 우리의 가슴 속에서 살아 숨쉬고 약동하고 있다.

미 가 서

1. 시대 배경

미가 예언자는 기원전 8세기에 남유다에서 활약한 제1 이사야와 동시대 인물로 이 시대는 그 어느 시대보다 극적인 상태였다. 1,1에 미가가 예언한 시기를 일컫기를 기원전 740~687년으로 아시리아가 사마리아를 정복하고 나서 그 여파가 유다 왕국까지 미친 비운의 시대상을 엿보게 한다(2열왕 17-20장). 그런데 그가 예언활동을 한 시기를 놓고 오늘날 학자간에 이견(異見)이 분분하다. 분명히 말할 수 있는 시기는 "유다 왕 히즈키야 시대에 모레셋 출신으로 미가라는 예언자가 있었소"(예레 26,18)라는 증언과 1,2-9에서 아직 사마리아가 건재하고 있음이 전제되고 아시리아 침공에 대해 언급이 없는 것으로 보아 그는 사마리아 몰락 이전에 예언자로 불려 활동했다. 따라서 기원전 725~711년 사이에 예언활동을 한 것이 사실이다.

아시리아가 위협하는 가운데 종교적 사대주의 영향으로 야훼 신앙이 위기에 처하면서 나라의 존패는 풍전등화의 운명으로 우상숭배의 물결이 휩쓴 비운의 시기였다. 이에 뒤따르는 사회적 불안정은 통치자들이 부패와 더불어 없는 자들에 대한 억압과 함께 부정부패를 쌓아갈 때 하느님의 얼을 받은 우리의 예언자 미가의 분노는 열혈(熱血)을 내뿜듯 유다를 휩쓸었다.

2. 인 물

미케아(Micaiah) 또는 준말인 미가(Micah)는 "누가 야훼와 같은가?"란 의미를 내포하는 속에 또 3,8과 7,7에서 자신에 대해 두 번 이야기하듯이 그의 굳세고 단호한 성격을 어느 정도 엿볼 수 있다. 고향 "모레셋"(moreshet)은 예루살렘에서 남서쪽으로 25마일 가량 떨어진 작은 촌락이다. 그는 아시리아가 불레셋을 침공하여 종주국 행세를 하자 불레셋에 인접해 있던 고향에서 예루살렘으로 피신하였다. 수도 예루살렘에서 그들이 저지르는 수만 가지 만행을 직접 눈으로 보고 이에 농민들이 얼마나 착취 당하는지 그 현장을 목격하고 치를 떨었다. 그는 북쪽의 아모스처럼 자신이 농촌 출신이라는 것을 한시도 잊은 적이 없이 우직한 성품 속에서 수도 예루살렘의 비계덩이들에게 큰 파문을 던졌다. 미가는 빚진 자를 노예로 삼는 부자들의 불의를 저주하면서 징벌의 날에 메시아가 와서 이 모든 것을 다 바로잡을 것이며, 사제뿐만 아니라 거짓 예언자들과 거짓 신비주의에 대한 규탄을 하는 속에(예레 26,18-19) 그의 성품을 여실히 드러낸다.

3. 구 조

극히 인위적인 내음을 풍기는 속에 위협적인 선고와 희망의 약속이 번갈아 나오는데 이를 크게 세 부분으로 나누어 이해를 도와 보자.

① 1,1 - 3,12는 유다와 이스라엘의 죄상에 대한 위협 선고
② 4,1 - 5,14는 구원에 관한 약속

③ 6,1 - 7,20은 여러 가지 힐책과 단죄의 말씀으로 6,1 - 7,7은 유다에 대한 경고이고, 7,8-20은 희망의 약속으로 부록 부분이다.

그런데 이상의 구분에서 볼 때 위협 선고에 대해서는 대부분은 미가 예언자가 직접 집필한 것으로 보나 약속의 말씀들에 대한 부분에서 7,7-20은 유배 후의 작품으로 평가하는 학자가 있는가 하면 4,1-5.8도 너무나 질서정연한 시 구절들로서 늦어도 기원전 5세기의 것으로 추정하여 이견이 많으며 학자들이 아직 연구중에 있음을 밝혀둔다.

이스라엘과 유다에 대한 심판 신탁			메시아 시대의 이스라엘		여러 가지 힐책과 단죄의 말씀	
제1부 (1-3장)			제2부 (4-5장)		제3부 (6-7장)	
1장	2,1 - 3,8	3,9-12	4,1 - 5,1	5,2-14	6,1 - 7,7	7,8-20
남북 왕조를 향한 일반적 예언	예루살렘의 악한 지도층과 거짓 예언자들을 향한 예언	결 론	진리와 평화의 하느님 왕국	새 다윗 왕국의 평화의 임금	이스라엘을 향한 외침 파멸과 경고	깨끗이 씻긴 이스라엘의 회복 참회와 구원의 약속

4. 주요 내용

제1부: 이스라엘과 유다에 대한 심판 신탁(1,1 - 3,12)

이스라엘과 유다에 범람하는 사회 부정에 대한 고발이며, 특히 3장은 지도자들의 비리를 파헤치는 하느님의 분노가 열화 같다.

1,2-7: 이스라엘이 야훼와 맺은 계약을 위반했으니 이제 법정에서 검사의 논고를 들어야 한다고 이스라엘 주민들을 모조리 소환한다. 여기서 호세아처럼 사마리아의 불충을 매음으로 비유하며 우상숭배의 본거지가 된 예루살렘은 고소(高所, 그리스어로 죄. 고소란 가나안인들의 예배 장소로서 우리의 산당과 비슷하다. 미가는 이 고소에서 거행된 부정한 예배가 이스라엘의 대표적인 반항행위에 속한다고 규정함)가 되었다고 한탄한다.

1,8-16: 예언자의 비탄의 노래로 기원전 701년 아시리아의 산헤립이 예루살렘과 근처 12도성을 포위할 때 예루살렘에 내린 경고로 "벌거벗은 채 맨발로 돌아다니며 가슴을 치고 울어야겠구나"(8절) 하는 속에 이제 예루살렘까지 그 화가 미치며 "너 발가벗어 수치스런 사피르의 여인아"에서 "아름다움이란 의미를 가진 사피르"와 "부끄러운 나체"를 함께 사용하여 말장난을 하는데 이 부분은 이러한 언어의 유희가 두드러진다. 어쨌든 그는 자기 고향이 아시리아에 함락당하는 것을 아파하면서 향토애를 드러내는데, 이를 이혼에 비유하여 그 쓰라림을 나타낸다.

2,1-11: 사회 부정을 거슬러 발한 신탁이다. 몹쓸 도시 놈들은 한밤에도 자지 않고 사악한 음모를 꾀하여 도시를 음흉하게 만든다고 지탄하면서 이사야와 아모스처럼 하느님의 정의를 위해 혼신을 다한다.

12-13절: 남은 자의 집합으로 일반적으로 유배 후의 것으로 논란되는 부분이다.

3장: 권력을 남용하는 고관들에 대한 고발로 시온은 피를 빨아 세운 도시로 이제 도시가 멸망의 지경에 이른 것은 정치·종교 지도자들에게 그 책임이 있다 한다. 정의와 선행을 무시하는 지배층의 악랄함은 식인종의 처사다. "내 겨레의 가죽을 벗기고 뼈에서 살을 발라내며 내 겨레의 살을 뜯는구나. 가죽을 벗기고 뼈를 바수며 고기를 저미어 냄비에 끓이고 살점은 가마솥에 삶아 먹는구나"(2-3절)라면서 있는 자들의 착취가 얼마나 엄청난 살인을 불러일으키는지를 끔찍히 그려 독자들로 하여금 가슴을 서늘케 한다. 그리고 "예언자라는 것들, 입에 먹을 것만 물려주면 만사 잘 되어 간다고 떠들다가도 입에 아무것도 넣어주지 않으면 트집을 잡는구나"(5절). 이런 직업 예언자들과는 달리 하느님 앞에 정직한 그의 모습은 의기충천한다. "예루살렘의 어른이라는 것들은 돈에 팔려 재판을 하고, 사제라는 것들은 삯을 받고 판결을 내리며, 예언자라는 것들은 돈을 보고야 점을 친다"(11절). 온갖 만행을 저지르면서도 "야훼께서 우리 가운데 계시는데 재앙은 무슨 재앙이냐?"(11절)고 떠들고 있으니 하늘 무서운 줄 모르는 지도자들의 아둔은 눈뜨고 볼 수가 없다.

12절: 신성불가침으로 생각하던 예루살렘의 멸망 예고는 예언 문학에서 처음 내린 청천벽력이다. 이는 백성 사이에 길이 기억되며 후에 예레미야(26,18)에서 다시 언급한다.

제2부: 메시아 시대의 이스라엘(4,1 - 5,14)

희망의 약속을 담은 일곱 개의 행복 선언이 담겨 있다.

4장: 그는 앞장에서 시온은 밭처럼 갈아 뒤집히고, 예루살렘이 자갈더미로 화하여 우상숭배의 본거지가 된다는 예언으로 사람들이 절망할지도 모를 상황에서 현재를 초월하여 미래를 내다보는 태도로 자기 동포에게 희망을 던진다. 불충과 응징의 시대 다음에는 모든 민족이 예루살렘으로 몰려와 하느님의 가르침을 받아 능하신 분의 보호 아래(4,1-5) 하느님의 다스리심으로 번영한다는 시온의 종말론적 승리를 묘사한다(9-14절).

5장: 적의 침입으로 사면초가의 상황에서도 베들레헴에서 탄생할 새로운 해방자에 대한 예언으로 희망을 던져준다. 그는 기원전 11세기에 다윗에게 약속한 메시아로서(마태 2,6) 새로운 다윗의 탄생을 예고하여 대망을 가지게 한다. 이 새로운 통치자가 태어날 곳은 예루살렘 궁중이 아니라 원래 다윗의 출생지였던 유다의 이름없는 곳, 베들레헴 작은 고을이라고 선언한다. 이렇게 볼 때 미가는 이사야처럼 궁중신학을 배우며 성장한 것이 아니라 유다의 농촌 지방에 보존되어 있던 출애굽 전승을 배우며 성장한 것이 드러난다.

나아가 그는 우상과 인간의 권세를 모조리 분쇄시키는 주님께서는(8-14절) 마지막 때 남은 자들을 불러 목초 위에 떨어지는 이슬과 빗방울 같다는 묘사로 번영과 행복을 누린다고 행복 선언을 한다. 그런데 이 모든 것들의 희망이 되는 분은 야훼 하느님뿐이라고 선언한다(6-7절). 이렇게 그는 찬란한 미래를 동경하는 속에 현재의 고통스러운 상황을 극복하게 한다.

미가가 예언한 베들레헴에서 탄생한 메시아가 바로 예수 그리스도 안에 이뤄져 그의 약속 신탁이 실현되었다고 마태오는 지적하고 있으니 예수 그리스도 안에 실현된 예언의 성취는 하느님 아버지의 구원계획이 성취되었음을 말한다. 이제 그리스도께서 마련해 주신 구원의 시대에 우리가 할 일은 오직 하느님의 뜻을 갈망하면서 이 지상에 하느님의 뜻이 더 전파되어 하느님이 택한 백성이 모여 그 구원 업적을 찬양하는 속에 함께 행복을 누려야 하지 않겠는가.

제3부: 여러 가지 힐책과 단죄의 말씀(6,1 - 7,20)

여기 나타난 신탁은 불행 선언과 이스라엘의 회복에 대한 것이다.

6,1 - 7,7: 심판 신탁에서 흔히 보듯이 여기서도 당신 백성을 거슬러 소송을 제기하시는 야훼의 모습은 기원전 701년의 사태를 반영하는 것으로 본 예언서에서 가장 두드러지는 부분이다. "나의 백성아, 내가 너에게 무엇을 했느냐? 내가 무엇으로 너를 지치게 했느냐? 대답해 보아라"(3-5절 참조)라고 자기 백성의 배은 때문에 가슴에 골을 패는 하느님의 감동적인 비난이 발전하여 오늘날 성 금요일의 전례문에 이용된 「비탄의 노래」는 우리의 가슴을 후비고 있다.

6,6-8: 특히 겉꾸미는 형식적인 종교와 참 종교를 대비시켜 정의하면서 계약의 근본적인 핵을 이해하라고 지탄한다. 제사 형식에 치중하여 심지어 자식까지 바치는 비리를 행하게 되니 이를 엄하게 추궁한다. 따라서 참된 예배는 "이 사람아, 야훼께서 무엇을 좋아하시는지, 무엇을 원하시는지 들어서 알지 않느냐? 정의를 실천하는 일, 기꺼이 은덕에 보답하는 일, 조심스레 하느님과 함께 살아가는 일"(8절)이라는 호소에서 미가서의 특징이 드러난다. 이는 예배가 예배답기 위해 무엇을 해야 하는지를 가르치니 하느님께 온전히 자신을 바치고 신뢰해야 함이 두드러진다.

6,9-16: 상업상의 협잡과 재산을 축적하는 것을 비판하여 "남을 등쳐 치부한 것들아, 거짓말만 내뱉는 도시 놈들아, 말끝마다 사기를 하는 것들아, 들어라. '천벌받을 것들, 부정한 되로 부정축재하는 것들을 나 어찌 용서하겠느냐?'"(10.12절)고 응징한다.

7,1-6: 역시 예언자의 애곡으로 "아, 답답하구나. 여름철의

추수꾼같이 철 지난 후에 포도를 따는 자와 같이 먹을 만한 포도송이 하나 얻지 못하고 … 이 나라에선 하느님의 은덕에 보답하는 사람 만날 수 없고 정직한 사람 하나 찾아볼 수 없구나. 모두가 피에 목말라 숨어서 남을 노리고 저마다 제 겨레를 잡으려고 그물을 친다”(1-2절). 이렇게 예언자는 황량하고 거친 사회를 한탄하면서 신뢰라고는 찾을 수 없는 공동생활의 붕괴를 한탄하는 속에 모든 것이 불신으로 흐르는 오늘날 우리 주변을 되돌아보게 하는 경고를 던지고 있다. 이제 앞으로 다가올 징벌의 날을 선언하면서 예언자는 주님만 바라보면서 그분께 온전히 신뢰하는 모습으로 우리의 귀감이 되고 있다(7절).

7,8-20: 다시 행복의 신탁이 면면히 흐른다. 희망에 차 전례 때 부른 이 부분은 이스라엘과 하느님이 나눈 대화다. 하느님은 백성이 드러내는 강렬한 확신과 신뢰를 보고 구원을 약속한다(11-13절). 끝으로 충실하고 자비하신 하느님께 대한 노래로 찬양시를 마감하고 있다. “하느님 같은 신이 어디 있겠습니까? … 아무리 못할 짓을 했어도 용서해 주시고 … 한결같은 사랑을 주시는 분 … 이제 우리의 온갖 죄악을 발로 밟으시고 그 죄를 깊은 바다에 쓸어넣어 주십시오”(18-19절)라고 신뢰에 찬 호소는 야훼의 맘에 가납되어 생명의 길을 되돌려받았다.

5. 종교적 가르침

① **죄에 대한 응징**: 아모스의 정의와 호세아의 사랑과 이사야의 겸허와 신뢰를 함께 지닌 미가는 “나에게는 거역하기만 하는 야곱의 죄상을 밝히고 못할 짓만 하는 이스라엘의 죄를 당당하

게 규탄할 힘과 용기가 차 있다"(3,8)라는 말씀 속에 메시지가 요약된다. 심판의 동인은 바로 여기에 있으며, 하느님은 사마리아와 예루살렘으로부터 흘러나오는 죄악 때문에 더 이상 참지 못하신다. 거짓 예언자들이 평화만을 낙관하여 그에 따라오는 병폐를 꿰뚫어본 미가는 용감히 사회불의를 고발하는 가운데 우상숭배로 자멸의 길을 내닫는 선민의 운명을 규탄한다. 가난한 사람들을 등쳐먹는 부자들의 죄상은 끝내 하느님의 복수를 불러일으킬 것이라고 선언한다.

② **구원에 대한 희망의 신탁**: 선임 예언자들과 같이 메시아에 대한 대망을 가지게 한다. 이사야는 메시아가 다윗 왕국에 내릴 것이라고 하나 미가는 "야훼 왕국"이란 테마로 왕국 메시아 탄생을 초월하여 남은 자 사상 안에 메시아를 언급한다. 메시아가 가져다줄 구원을 향유할 자는 이제 이스라엘 국가가 아니다. 남은 자들 안에서 이 서광을 비추면서 남은 자들은 종교적 엘리트들이라고 선언한다. 이들은 주님의 업적을 기리며 하느님이 우리에게 무엇을 원하시는지 알아(6,8) 행하는 자들이다.

따라서 그토록 배반하는 인간이지만 하느님의 성실함 때문에 용서의 가능성이 드러나며 시온 산에서 영원히 통치하실 하느님께 대한 확신과 신뢰가 7,7에서 두드러진다. 악의 세력이 만연하여 더 이상 희망을 가질 수 없어 보이는 세상과 자신 안에서도 전적으로 능하시고 선하신 분께 신뢰하여 예수님을 통해 성취해 주신 구원의 신비에 동참하려는 순백의 갈망으로 그 대열에 동참하지 않으려는가. 이것이 미가의 소망이고 외침이다.

III. 기원전 7~6세기초의 예언자들

기원전 8세기는 아시리아 제국의 황금기였으나 630년 아슈르바니팔 왕이 죽자 그 막강한 세력은 약화되어 제국이 무너지기 시작했다. 612년경, 메대와 바빌론이 일어나 아시리아의 수도 니느웨를 폐허로 만들었고 에집트의 원병에도 불구하고 605년에 아시리아는 완전히 멸망했다. 이러한 국제 정세의 소용돌이에 유다 왕국도 갈팡질팡하면서 저 악명 높은 므나쎄 왕(687~642)과 그의 아들 아몬 왕(642~640)은 아시리아의 정복정책에 굴종하여 사회 정치를 대혼란 속으로 몰고갔으며, 특히 종교 혼합주의는 극에 달하여 민족 역사에 씻지 못할 오점을 남겼다(2열왕 21; 예레 15,4). 이토록 야훼를 저버린 시기에는 예언의 소리마저 끊긴 암흑 그 자체였다고 본다. 그러나 요시아 왕(640~609)이 등극하면서 예언의 소리가 스바니야를 통해 태동되었고 622년 성전정화 사업 중에 "신명기 법전"을 발견하여 독립운동과 함께 본격적인 종교개혁이 일어났다(2열왕 22,8 이하).

요시아 왕은 백여 년 전에 멸망하여 아시리아로 병합되었던 북왕국의 일부를 탈환하고 왕권을 확장하면서 나라의 역사를 되돌아보는 가운데 국제정세를 면밀히 살펴 나라를 좀먹는 외세를 단계적으로 몰아내기 시작하였다. 특히 아시리아와 가나안의 우상숭배를 제거하기 위해 제단·신당·성소 등을 예루살렘과 유다의 영토에서 철폐하고 북왕국의 베델에도 정화 작업을 시도하였으며, "신명기 법전"에 의한 종교개혁 사업은 도태되다시피한 야훼 신앙을 되찾는 데 크게 기여했다. 612년경 나훔 예언자는 니느웨의 항복에 대한 승리의 노래를 불러 야훼의 능력을 찬미하였는데, 태조 다윗 왕국을 꿈꾸던 요시아 왕이 609년 아시리아에 원병 온 에집트의 파라오 느고와 접전 끝에 므기또에서 전사하자 유다에는 다시 비바람이 몰아치는 암흑의 험난함이 몰아쳤다. 이제 바빌론 왕 느부갓네살의 군대가 아시리아를 정복하여 악의 원흉이 종말을 고하나 또 다른 괴물인 바빌론이 근동을 위협하는 존재로 군림했다. 이것은 하바꾹 예언자의 야훼께 대한 항변에서 강하게 드러나고 있다. 북왕국 멸망 직전에 아모스와 호세아가 백성들을 회개에로 초대하였으나 그 외침이 외면당했듯이, 남왕국 말기에도 암흑기를 지나 일단 끊기었던 예언 활동이 대예언자 예레미야를 위시하여 스바니야·나훔·하바꾹 등이 자기들의 소명을 다하지만 북왕국의 전철을 밟는다. 이제 이들의 활동을 시대순에 따라 살피는 속에 현재 하느님께서 우리들에게 주시고자 하는 메시지를 귀담아들어 보자.

스바니야서

1. 시대 배경

1.1에서 소예언자 그룹에 속하는 스바니야가 설교한 시대와 그의 족보에 대해 어느 정도 추정할 수 있다. 이사야 이후 예언의 소리가 끊긴 50여 년 동안은 자기 아들마저 인신제사에 희생시킨 므나쎄와 아몬이 통치한 때다. 이때는 아시리아의 천체숭배와 어린이 제헌·마술·점·성전 매음 등이 순수 야훼 신앙을 무참히 짓밟고 나라를 혼란의 도가니로 몰고 가 좌지우지하는 속에 아시리아뿐 아니라 아몬과 가나안의 토속신앙의 퇴폐풍조가 나라를 휩쓸 때였다. 그런데 므나쎄의 아들 아몬이 통치 2년 만에 살해당하고, 요시아가 8세에 등극하여 섭정이 행해지던 때(640~630)에 반 세기의 진통을 토해내면서 스바니야가 하느님께 불림을 받고 나타났다.

2. 인 물

"야훼가 숨겨주다" 또는 "피신시켜 주다"라는 뜻을 가진 스바니야라는 이름에서 그의 사명을 어느 정도 감지할 수 있다. 그는 예루살렘 출신이며 히즈키야 왕의 현손으로서 예루살렘에서 예언활동을 했다고 추정된다. 유다의 가장 어두웠던 시기에서도 성전 주위에 남아 개혁의 필요성을 절감하다가 므나쎄의 사후(死後)에 나타나는 대표적 인물이며 예루살렘의 정권 교체가 하루 빨리 이루어져야 한다는 정치관을 그의 예언 속에서 읽을 수 있다. "저주받은 도성"을 향한 예언 신탁을 힘차고 명확하게 전달한다. 그는 세례자 요한이 그리스도의 길을 준비하듯이 예레미야의 등장을 준비하는 속에 아모스처럼 하느님의 정의를 "야훼의 날" 안에서 선포하고 있다.

3. 구 조

총 3장으로 이루어진 본 예언서를 네 부분으로 나누어 이해를 도와 보자.

① 1,2 - 2,3: 유다와 예루살렘에 대한 위협
② 2,4-15: 유다뿐만 아니라 이방 국가를 거스르는 신탁
③ 3,1-7: 예루살렘과 만백성을 향한 비난
④ 3,8-20: 야훼께 성실을 다하고 겸손한 자들의 구원과 번영을 약속하여 희망을 안겨준다

제1부	제2부	제3부	제4부
1,1 - 2,3	2,4-15	3,1-7	3,8-20
유다와 예루살렘에 대한 위협	이방 국가에 대한 신탁	예루살렘과 이방 국가에 대한 고발	약속(구원의 날) 유다의 회복

4. 주요 내용

제1부: 유다와 예루살렘에 대한 위협(1,2 - 2,3)

스바니야 예언자가 활동한 시기는 요시아 왕이 아직 어려 섭정을 하던 시대였으므로 종교개혁의 낌새는 보이지 않았다. 따라서 예루살렘 도성은 므나쎄 시대의 병폐를 그대로 답습하던

때였으며, 우상숭배를 위시하여 불의와 부패가 공공연하게 자행되고 있었다. 이에 정의를 행사하러 오시는 하느님은 "야훼의 날"(1,3)을 선포하여 그 날에 예루살렘에서 일어날 처참함이 끔찍하게 밝혀지고 있다. 특히 정치가들과 지도층 그리고 부당하게 이익을 탐하는 자들을 향하여 그 날에는 소경처럼 더듬거리다가 피를 땅에 뿌리면서 거꾸러질 것이라는 심판 선언이 우주적인 성격으로 확대되어 나온 것이 특이하다. "야훼의 날"에 공포가 온 땅을 휩쓸고 있는 묘사는 인간의 현재를 직시하게 하는 경고장이기도 하다.

그러나 2,1-3에 이어지는 회심에로의 초대는 아나와(*anawa*, 영성적 가난)라는 단어를 처음 사용하여 생명을 얻고자 하는 인간의 기본적인 자세를 명확히 일러준다.

제2부: 이방 국가에 대한 신탁(2,4-15)

다른 나라에 대한 심판 신탁으로 유다를 둘러싸고 있는 동서남북의 이교 민족에 대한 경고다. 거만을 피우다가 잡초가 우거지고 소금을 캐는 쑥밭의 꼴로 화할 것들, 특히 아시리아의 그 위세등등한 거만은 이제 까마귀와 맹수들만 우글대는 사막의 폐허로 변할 것이다. 이 예언은 예레미야 시대에 이뤄졌다. 그런데 이 부분에서도 "살아남은 하느님 백성"이 그 모든 곳을 차지하리라는 승리가 역시 우리의 눈길을 끌고 있다.

제3부: 예루살렘과 이방 국가에 대한 고발(3,1-7)

여기서도 또다시 반역하는 도시 예루살렘과 만백성이 받을 재난을 경고한다. 이교 민족에게 내리는 심판 선언은 당신 백성의 비행을 고발하기 위한 수단으로 드러나며, 특히 지도자들의 비리가 백주에 탄로난다. 재판관들은 마치 벌판을 주름잡는 늑대처럼 뼈도 안 남기고 사람을 씹어먹으며 수도권의 지도자들은 사자처럼 으르렁거리기만 한다. 그리고 예언자와 사제들은 자기 잘난 멋에 사람을 속이고 성소와 법을 짓밟고도 뻔뻔스럽기만 하다. 이렇게 되자 이 도시에 내릴 심판은 불가피하다는 으름장이 서슬이 퍼런 비수 같다.

제4부: 약속(구원의 날) – 유다의 회복(3,8-20)

  예언자의 사후에 수집되었다고 추정되는 부분으로 "야훼의 가난한 이들"에 대한 구원 약속이다. 뭇 민족의 입술을 정하게 하여 순수하면서도 하나인 예배를 예견한다. 따라서 이교 민족의 회개로부터 시작하여 흩어진 백성의 귀환이란 주제로 넘어가면서 "남은 자(者)"와 이들이 고백하면서 따라야 할 자세를 "아나와"로 사용한다. 이는 인간이 오만을 벗어버리고 굴욕과 겸손까지 수용하는 철저한 영적 가난을 의미한다. 이어진 기쁨의 시편(14-20절)은 예배를 통해 이루어진 것으로 유배간 자들의 귀환을 결론으로 하여 환희의 송가로 예언서를 끝맺는다.

5. 종교적 가르침

① "주님의 날"의 선포가 확대되어 우주적인 성격을 띤다. 교만으로 인한 죄악의 결과를 반성하게 하는 메시지는 "야훼의 날"은 바로 "분노의 날"로서 선임 예언자들이 이미 묘사한 심판의 날을 확대시켜 온 세상이 주님의 정의 앞에 전율할 것이다. 그

날에는 야훼께서 역마보다 날쌔게 오시어 온 세상은 가스탱크가 터지듯 순식간에 분노의 심판을 받아 암흑과 공포의 도가니에서 헤어나지 못할 것이다. 여기서 위령미사의 부속가 "디에스 이래"(dies irae, 분노의 날)의 음울한 음률이 탄생하기까지 했다.

② 남은 자 사상 안에 피력하는 영적 가난(anawa)은 세상이 끝장난 듯한 분노의 심판에 이어 하느님의 구원의지는 예언자 안에서 일말의 희망을 걸게 한다(2,3). 여기 남은 자는 그 끔찍한 재앙에서 구원될 "땅의 가난한 사람들"이다. 스바니야는 유다 왕국의 첫 굴욕을 그대로 목격한 예언자다. 즉, 기원전 701년 아시리아의 침공으로 유다의 일부 영토가 찬탈당하고 어느 세기에나 볼 수 있듯이 강대국의 횡포는 그들의 신앙의 뿌리까지 뒤흔들어 놓았다. 이때 스바니야는 물질적인 가난은 이스라엘의 사회제도가 극복하지 못한 전염병이었음을 지적하면서 "남은 자" 안에서 영적 차원의 가난을 반성케 했다. 이 아나와(주님을 찾고 주님의 계명을 지키면서 정의와 사랑을 실천함으로써 굴종과 겸손까지 감내함)는 세상의 모든 오만과 거짓을 대적하면서 인간의 기본 처지를 그대로 받아들이고 하느님께만 의지하게 한다. 여기에 오만으로 뭉쳐진 오늘의 세대가 신(神)을 인정하면서 순순해져야 한다는 요청이 들려오지 않는가! 이 영원한 말씀의 초대는 불신과 거만을 헤집고 당신께로 오라는 손짓인 듯하다.

예레미야서

이스라엘의 역사에서 중대한 전환점이 되면서 가장 참담했던 시기에 활동한 인물 가운데 제일 두드러진 예언자를 만나는 장이다. 이제 예레미야를 통하여 구원하고자 하시는 말씀의 초대에 더 맞갖게 응답하기 위해서 새롭게 마음을 여미는 자세로 계시의 장을 대면하기로 하자.

1. 시대 배경

스바니야서에서 이미 만나본 시대상을 보충해 보면 유다 왕국으로서는 가장 어두운 시기로 멸망 직전 40여 년 동안 다섯 왕들이 교체되면서 그 중 두 왕은 타의로 3개월만 집권한 것으로 보아 그 혼란의 도를 가히 짐작할 수 있을 것이다(2열왕 22-24장).

이때는 요시아 왕 전 시대의 폐습이 잔존하여 야훼 신앙이 박해의 위협에 시달리던 때였다. 요시아가 8세에 등극하였기 때문에 나라가 섭정에 의해 10년간 다스려지다가 기원전 630년에 요시아는 대권을 잡고 태조 다윗의 정치를 답습하고자 노력한 현군이 된다(2역대 34,3).

그는 우상숭배를 근절시키는 일환으로 정화 사업을 실시했고, 350여 년만에 솔로몬이 지은 성전의 보수공사를 시도했다. 이

공사 중에 법전(法典)을 발견하여 계획한 종교개혁 사업에 박차를 가할 수 있었던 것이다. 이에 온 백성이 유일하신 야훼께 충성을 다하겠다는 계약갱신을 장엄하게 거행했다. 이때 발견된 법전은 신명기 법전의 골자를 이루고 있어 계약갱신은 신명기의 주제인 하느님의 사랑과 계약에 성실하신 야훼를 그려 백성들의 불신을 깨우치고 있다. 요시아 왕의 이런 개혁운동은 그 불운한 시대의 백성과 운명을 같이했던 예레미야의 생애와 사상에서 많은 영향을 받았던 것이 분명하다고 본다. 그런데 요시아 왕의 종교개혁과 주권회복을 위한 정치적 노력은 유다인들에게 큰 희망을 안겨주었으나 불행히도 왕이 609년 므기또에서 전사함으로써 무산되고 말았다.

이후 바빌론 세력이 구축되면서 유다에 가중되는 외세의 위협과 친 에집트파와 친 바빌론파로 대립되는 내적 분열로 나라 사정은 추풍에 떠는 낙엽의 신세였다. 설상가상으로 거짓 예언자들이 속출하여 예레미야의 망국의 예언에 따른 회개에로의 호소를 뒤엎어 야훼 성전과 예루살렘이 영원하리라는 망상에 사로잡혔고 나아가 예언자를 박해하여 참 예언자가 딛고 설 자리마저 앗아갔다.

이런 분위기 속에서 내분은 심화되었고 에집트의 부추김에 놀아나 바빌론을 대적하면서 예언자의 태도를 매국노라 낙인찍었다. 그러나 거짓 예언자들의 감언이설에 놀아난 결과는 무엇이었던가! 예루살렘의 멸망과 바빌론으로의 처참한 유배(587)를 자초했을 뿐이다. 이 어둡기만 한 시공에서 예레미야의 활동이 펼쳐졌던 것이다.

2. 인물과 성품

이사야보다 약 1세기 후에 불림을 받은 예레미야는 이사야와 쌍벽을 이루는 대예언자로서 온 생애를 걸어 마음과 인격의 종교를 부르짖었다. 예레미야란 "야훼께서 높게 하신다"는 의미로서 고난의 길을 간 그의 생애는 그리스도를 예표하고 있다. 그는 므나쎄가 유다를 통치하던 650년경 예루살렘의 동북방에 위치한 베냐민의 땅 "아나돗"에서 출생했다. "에비아달"의 후손으로 사제 가문에 태어난 그는 명문에 태어났기 때문에 전통과 국가의 운명에 더 큰 관심과 책임을 가졌던 것으로 사료된다. 소명은 요시아 왕 제13년(626)에 청년으로 불림을 받았고, 망국의 한을 삼킬 때까지 40여 년간 동포들의 정신적 길잡이가 되어 자기 소신을 다하지만 죽음의 고통을 겪고 비극의 생을 마친 비탄의 예언자였다.

원래 천성이 온순한 예레미야는 평화를 사랑하여 평범하게 살기를 원하였지만 하느님의 부르심에 이끌리어 예언자 중 홀로 독신의 생애를 마쳤다. 그는 죽음의 행군을 한 "말씀의 고독한 예언자"로 불릴 만큼 고난과 고통으로 점철된 삶을 살고 갔다. 시련의 극에 달했을 때 자기를 낳은 태(胎)까지 원망하는 속에서도 야훼의 성실을 저버리지 못하고 "싸움과 불화의 사나이"(15,10)로 불릴 만큼 자기 사명에 성실했다.

이렇게 예언자들을 끌었던 원동력은 하느님이었고 그에게만 순종하였기 때문에, 하느님을 거스르는 동포들에게 끌려가 에집트에서 돌에 맞아 순교했다는 히브리 전승이 있다. 하느님이 그로 하여금 끝까지 말씀을 선포하는 사자로 만들었고 그들의 외고집에 부딪쳐 고독하게 죽어가야만 했다. 그로부터 600여 년 후 예수님이 자기 백성의 외고집 때문에 겪어야 했던 고난의 장들이 예레미야의 비탄의 삶 안에 예표되어 나온다.

3. 시대적 구분으로 본 예언자의 생애

예레미야는 남유다 왕국의 역사상 운명적인 기간인 40년간(기원전 626~587년경) 예언활동을 하면서 어느 예언자보다도 자기 생애를 통해 메시지를 전달하고 있다. 따라서 구약의 인물 중 그 인간됨에 대해 다윗 왕을 제외하고 가장 상세히 그의 예언에서 접할 수 있게 된다(9; 26; 34장).

그를 들어 "견고한 성 철기둥 청룡탑"(1,18)처럼 강하게 묘사하는가 하면, 한편 자녀들 때문에 가슴앓이를 하는 어머니처럼 다정다감한 성품을 가지고 자기 온 생애를 바치고 있다고 묘사한다. 이같이 온 생애를 불태운 그의 활동 시기를 셋으로 구분해 볼 수 있다.

첫째 시기: 요시아 왕 시대(626~609, 2열왕 22,1 - 23,30)의 그의 생애는 30줄의 젊은 혈기로 긴 설교를 내뿜고 있다. 이때 그는 자기를 앞서간 예언자들(특히 호세아)의 영향을 크게 받았으며, 요시아 왕의 종교개혁에 지대한 영향을 주었으리라고 본다. 그는 종교개혁을 처음에는 크게 환영하였으나 마음의 회개가 없는 제도적 개혁이 얼마나 역겨운지를 뼈저린 체험을 하는 가운데 609년까지 침묵을 지킨다.

둘째 시기: 여호야킴 왕 시대(609~597, 2열왕 23,35 - 24,7)는 그의 생애에서 게쎄마니라고 불리는 시기다. 40줄에 접어든 예언자는 인생의 쓴맛 단맛을 체험하는 가운데 여호야킴

왕의 시정(時政)을 보고 통탄을 금치 못한다. 국내적으로 압제 자로 군림하고 외세에 몰려 무능의 표상처럼 에집트에 아부하는 꼴불견을 보다 못해 야훼의 전언을 선포하여 북녘으로부터(바빌 론)의 위협을 경고한다. 그러나 이 시기에 그의 고백과 설교에 나타난 고뇌는 독자들의 가슴을 헤집고 와 진리에 사로잡힌 그 생애에 경의를 표하게 한다.

셋째 시기: 시드키야 왕 시대(597~586/587, 2열왕 24,13 이하)는 그의 생애에서는 성숙기이기도 하다. 이때는 친에집트파 와 친바빌론파간의 암투가 나라의 맥을 끊게 한다. 예나 지금이 나 정치인들의 우(愚)를 지탄하듯 국민을 위한 정치를 펴지 못함을 끝내 예언자의 예언대로 예루살렘의 파멸과 2차에 걸쳐 유배의 고배를 마셔야 했다.

따라서 예언자의 설교는 야훼의 신앙의 승리로 그 특징이 드러난다. 그의 말년에는 바빌론 강 기슭에 유배가 있던 사람들(시편 137)에게서 희망을 보았지만 바빌론으로의 망명을 끝내 거부하고 팔레스티나에 머물렀다. 이때 바빌론에 반항한 동포에게 인질로 잡혀 에집트에서 소리없이 그 생의 막을 내렸다고 전해진다. 그의 사상이 살아 생전에는 빛을 보지 못하고 실패로 끝난 것같이 보이지만 사후(死後)에 그 명성은 민족의 얼 속에 깊이 뿌리내리면서 그의 이름대로 야훼께서 들어높이시는 "대스승"이 되었다.

4. 주요 사상

선임 예언자들이 전달한 하느님의 사랑, 정의, 성성(聖性) 그리 고 남은 자들에 대한 사상과 메시아의 내림 등에 관해서는 그들과 대동소이하다. 그런데 마음의 종교에 기초를 둔 새로운 계약 사상은 그로 하여금 유다이즘의 아버지가 되게 한 특이점이라고 하겠다. 그는 이미 그때 오늘날 인간성을 질식케 하는 힘과 물질의 우위성에 대해서 영성적 가치가 얼마나 더 중요한가를 간파하였고, 영혼이 하느님과 맺는 인격적 관계를 명쾌히 밝혀 그리스도로 인한 새 계약을 준비하였다.

나아가 하느님의 심판에 있어서 조건부적인 성격과 함께 인간의 자유의지를 부각시키는 가운데 하느님 통치의 절대성을 고취시킨다. 그는 인간 본성의 신비적인 면과 자기를 송두리째 내주어 타인(他人)을 위한 대속물로서의 사명을 자기 생애로 표현한다. 이사야 52,13 - 53,12의 고통받는 야훼 종의 모습을 그대로 살고 가 그리스도의 형상을 앞질러 보여줌으로써 새 차원의 영성신학을 낳았다.

이렇게 자기 생애 자체를 하나의 불씨로 하여 그 사명을 다한 그의 생애는 후대 시편 작가들과 지혜문학 작가들을 배출한 요람이 된다. 나아가 유배 후 이스라엘의 가슴과 뼈를 헤집고 이 지상에 새 구원을 가져다주신 그리스도의 길을 예비하였던 것이다.

따라서 그의 설교와 온 생애는 국가적이고 지역적인 구약의 종교를 "인격적인 종교"로 변혁시켜 유다이즘과 그리스도교의 진로를 바꾸어 놓은 대역을 다했던 것이다.

예레미야가 소망한 하느님의 전언은 "네 마음을 다오"이니 마음이 있는 곳에 몸도 있듯이 하느님을 사랑한다고 고백을 하는 나의 마음은 지금 어디에 있을까!

5. 형성 과정과 문학 구성

총 52장으로 구성된 예언서 전체가 예레미야와 관련되어 있으나 시대 순서가 뒤섞여 있어서 독자들의 이해에 혼선을 빚기도 한다(21장과 25장을 비교). 이렇게 연대적으로 맞지 않는 집필 배경을 간략하게나마 살펴봄으로써 독자들의 이해를 돕고자 한다. 본 예언서가 집필된 배경은 예레미야가 발한 몇 개의 설교집에다 그의 생애를 말하는 전기적 설화 부분이 곁들여졌기 때문인데, 이것이 또 단번에 이루어진 것이 아니라 복잡한 역사적 편집 과정을 안고 있다. 예레미야가 처음으로 예언 신탁을 발설한 시기는 기원전 626년(이후부터 연대는 다 기원전임)경이었으며 이것이 직업 서기관이면서 예언자의 비서였던 바룩에 의해 기록되기는 605년경부터였다. 그 이후 여러 차례 공동체를 향한 그의 예언활동과 그의 수난기 등이 공동체 안에 보존되어 오다가 유배의 고배를 마시는 중에(587년 이후) 예언자의 전언이 활기를 띠기 시작했다. 이 역사적 공동체는 그 시대적 상황에 따라 예언자의 생각과 희망을 원문에 부연하였으리라는 추정이다. 이렇게 이루어진 본 전승은 시문(詩文, 예레미야의 예언신학)으로 씌어진 신탁과 전기적 이야기뿐 아니라 유배 이후 큰 신학 사조 중의 하나였던 신명기 학파(특히 교훈적 성격을 띤 예레미야의 설교 부분)와 비슷한 문체로 씌어진 산문(散文)의 연설들을 담고 있다. 이렇게 이루어진 모든 작품들은 예레미야가 평소에 전하고자 하였던 사상들을 충실히 반영하고 있다고 한다.

그런데 최종 편집자들은 여러 가지 사건과 예언을 수록하는 데 있어서 연대기적 순서로 본문을 정리하지 않아 혼란이 야기되는데, 오랜 시간 동안의 편집 과정이 낳은 결과를 다시 연대순으로 정리하기는 거의 불가능하다고 한다. 그러나 여기서 우리가 분명히 알 수 있는 것은 예레미야서는 신명기를 알고 있던 그의 제자들과 청중들이 수집한 예언자의 전언임에는 틀림없다는 것이다. 단, 문제는 예레미야적 전승이 하나의 형태로 전수되지 않고 일종의 선집(選集)으로 이뤄졌다는 점이라고 보겠다.

6. 구 조

구체적인 사건과 비유·무언극 그리고 고백시 등의 문체로 이루어진 예레미야서는 설화 부분과 예언 부분으로 뚜렷이 구분되며, 네 부문으로 구성된 본문은 하나의 부록을 곁들이고 있다.

제1부(1,1 – 25,14): 1-20장까지는 전반적으로 시대순을 따르고 있고 여기에 25,1-14가 이어지면서 앞부분의 결론으로 제시된다. 1장은 예언자의 소명에 대한 설화이고 2,1 – 25,14는 유다와 예루살렘에 대한 심판 예언이다.

제2부(25,15-38; 46,1 – 51,64): 이 부분 전체는 이방 국가에 대한 심판 예언이다.

제3부(26,1 – 35,19): 편집자에 의해 꾸며진 부분으로 예언자의 수난을 알리는 설화 부분(26-29장)과 구원의 약속을 알리는 예언 부분(30-35장)으로 구성되어 있다.

제4부(36,1 – 45,5): 바룩에 의해 기록된 예언자의 수난기적 설화 부분으로서 45장은 수난 전기에 대한 결론이다.

부록편인 52장은 기원전 587~586년의 참변을 묘사하며(예루살렘 파괴와 유다의 멸망) 포로가 되었던 여호야긴 왕의 석방을 보도하는 역사 부록편이다(2열왕 24,18 - 25,30).

이상의 분류를 더 쉽게 이해하기 위하여 간단한 도표를 만들어 보면 다음과 같다.

제1부		제2부		제3부		제4부	제5부
1,1 - 25,14		25,15-38; 46,1 - 51,64		26,1 - 35,19		36,1 - 45,5	52, 1-34
1장	2,1-25,14	25, 15-38	46,1 - 51,64	26,1 - 29,32	30,1 - 35,19		
예레미야의 소명	유다에 대한 심판 예언	이방인에 대한 심판 예언	에집트, 불레셋, 모압, 암몬, 에돔, 시리아, 아랍, 엘람, 바빌론에 대한 심판 예언	예레미야의 수난기	유다에 대한 구원 약속	예레미야의 수난기	기원전 587년의 참변 묘사 (2열왕 24,18 - 25,30)

	보도 설화 부분	예언 부분
1장	예레미야의 소명	
2,1 - 25,14		유다에 대한 심판
25,15-38		이방인에 대한 심판
26,1 - 29,32	수난기 (바룩에 의해서)	
30,1 - 35,19		유다에 대한 구원
36,1 - 45,5	수난기 (바룩에 의해서)	
46,1 - 51,64		이방 국가에 대한 구원 (에집트, 불레셋, 모압, 암몬, 에돔, 시리아, 이랍 부족들, 엘람, 바빌론)
52장	부록 (2K 24,18 - 25,30)	

예언 말씀		2-25		30-35		46-51	
설화 보도	1		26-29		36-45		52

7. 주요 내용

제1부: 예레미야의 소명과 유다에 대한 심판 예언(1,1 – 25,14)

자기 동포를 향하여 심판을 경고하는 예레미야가 등장한다.

1장: 예언자의 소명으로 시작되는 이 부분은 이사야와는 다른 소명사화를 접하게 된다. 예레미야는 하느님의 현존(現存)에 부딪쳐 이사야처럼 공포에 떨지 않고 오히려 철부지 "아이"라고 핑계대는데, 여기서 독자들은 예레미야가 하느님과의 대면이 처음이 아니라는 강한 인상을 받게 된다. 이는 아마도 예레미야가 이미 기도에 심취한 신비가였다는 것을 전제한 듯하다.

1,5-10: "만백성을 위한" 예언자의 사명이 드러나는데, 그는 소명을 받고 질겁을 하면서 사양하지만 하느님은 이미 그가 세상에 있기 전에 점지하였으며 항상 그와 함께하신다는 위무까지 곁들여 그로 하여금 소명을 받아들이게 한다. "보아라! 나는 오늘 세계 만방을 너의 손에 맡긴다. 뽑기도 하고 무너뜨리기도 하고 멸하기도 하고 헐어 버리기도 하고 세우기도 하고 심기도 하여라"(10절)는 속에서 예언서 전체를 요약하면서 그의 사명을 암시하고 있다.

11-13절과 14-16절의 두 환시에 이어 그의 소명을 완성하는 가운데 예언자의 서품을 해설하고 있다(17-19절).

앞으로 그의 예언 활동이 성공리에 끝나지 않을 것이라는 예고와 동시에 그를 뽑으신 분이 항상 그와 함께 있으리라는 담보가 제시되어 그의 활동에는 언제나 하느님의 개입과 결과가 따르리라 한다. 이상으로 본 예레미야의 소명사화는 마치 임금님의 즉위식 같은 인상을 주는데, 여기에 나타난 특징 중 첫째는

그 자신이 태어나기 전부터 예언자의 직책으로 예정되어 있었다
는 것을 자각하는 점이다. 둘째는 그의 계속되는 불복종에도 불
구하고 하느님께서 도움을 주시겠다는 약속과, 셋째 야훼의 말
씀이 그의 입에 담긴다는 구절로 "나는 이렇게 나의 말을 너의
입에 담아 준다"(9절)는 부분은 특별히 중요한 점으로 부각되는
데 그는 야훼의 대변자로서 그 숱한 애환의 삶을 통해서도 자기
사명을 다한다.

2-10장: 유다 백성들의 죄에 대한 고소와 그 벌에 대한 경고
가 공포를 몰고온다.

종교적인 측면에서 볼 때 이스라엘이 부부생활을 순결하게 잘
하다가 외도한 것처럼 바알(가나안의 토속 神)을 허겁지겁 좇아
가는 어리석음을 집중적으로 고발하는 동시에, 형식적인 예배를
하면서도 마치 하느님을 섬기는 것처럼 착각하는 이중성을 비웃
는다.

사회적인 측면으로는 이미 아모스와 이사야가 질타한 부정불
의로 조장되는 사회 비리를 고발한다. 이제 유다 왕국과 예루살
렘 도성이 깡그리 재로 화할 것이며, 자연적 재앙을 통해서 내
릴 벌이 확연하게 전반적으로 흐르고 있다.

2,1 – 4,4: 기원전 622년 이전에 행한 설교로서 북쪽으로부
터 부글부글 끓는 솥물이 내려오게 된(바빌론의 침략) 이유가
바로 너희들의 외고집과 우상숭배 때문이라고 고발하는 속에 호
세아적 성격이 두드러진 부분이기도 하다. 또한 개혁 설교로서
"신명기적" 성격이 엿보이며, 율법의 관점에서 출발하여 과거를
거슬러올라가 "모든 시대"에 해당하는 죄가 고발되면서 이 죄를
그들이 시인하고 있다.

4,5 - 6,30: 거의 민요체로 된 시(詩)로서 어떤 식으로든 유다에 닥칠 무서운 재난이 우리를 전율케 하고 있다. 원수는 마치 "한 마리의 사자가 수풀에서 뛰어나와 온 세상을 끔찍스런 곳으로 만드는 자(者)"(7절 참조)로 묘사되며, 그토록 믿어 온 견고한 성읍 예루살렘은 쑥밭이 될 것이다. 이 원수들의 행패는 먹구름처럼 몰려와 폭풍처럼 휩쓸어 갈 것이다. 이때 예루살렘은 마치 정부들의 손에 배신당해 죽어가는 매춘부 같다(4,29-31).

그런데 예언자의 사명이 심판의 단호함으로 끝나지 않고 "살고 싶거든 못된 그 마음을 깨끗이 씻어라"(4,14)는 외침 속에 백성들의 마음을 회개시켜야 하는 것도 함께 위임받는다.

6,27-30: 이제 예루살렘은 무적의 신(神)이신 야훼를 거슬렀기 때문에 독안에 든 쥐 꼴이 되었다. 이 현장(現場)은 바로 가슴에 칼을 꽂는 아픔이며, 이것은 바로 너희 죄가 자초한 불행이다. 하니까 이제부터라도 마음을 바로잡고 이미 야훼께서 일러준 그 바른 길로 돌아가자고 마치 병아리를 품는 어미닭처럼 타이른다. 백성의 행실을 면밀히 살피는 예레미야의 소명에는 마음을 갱신하라는 안타까운 절규가 토해지지만 끝없는 배신의 길을 치닫는 그들의 행실이 예레미야와 야훼와의 대화에서 선명하다. 하느님께서 눈과 귀를 열어주셔도 자기 이기심으로 이를 닫아버린다면, 결국 하늘의 길은 흑암으로 가려질 것이다.

7장: 예레미야의 성전 설교 부분으로 26장과 연결된다. 대체로 여호야킴 왕의 통치와 관련된 이 부분은 이교의식을 행하거나 또한 공식적인 성전 제의를 오용하거나간에 제의의 남용에 관한 주제로 통일되어 있다. 하느님보다는 형식적인 율법 준수를 하면서도 마치 하느님을 섬기는 것처럼 착각에 빠진 허위를 준엄하게 경고한다. 그리고 성전이 보존되어 있다는 그것만으로 자신들이 보호될 것이라고 믿는 허황된 신뢰심을 비웃으면서 행실을 근본적으로 고치지 않는다면 성전과 민족을 깡그리 쓸어버릴 것이라는 경고장이다.

그들은 못된 일을 밥먹듯 하면서도 이 성전만 다녀가면 가슴이 후련해짐을 느끼고(거짓 느낌), 마음 푹 놓고 야훼의 전을 도둑의 소굴로 만들었다. 이에 예레미야는 하느님의 이름을 걸고서 사람의 생각과 다르신 야훼를 증언한다. 악의 소굴에 빠져 아무리 불러도 대답하지 않는 이스라엘을 향해 옛 성소였던 "실로"를 해치웠듯이 예루살렘도 그렇게 될 것이며, 행실을 고쳐 마음의 예배를 드리지 않는 한 "여기는 살 수 있다"고 안심할 곳은 세상 어디도 없다 한다. 그러니 하느님이 일러주신 것을 실천하는 것만이 살아남을 수 있는 유일한 길이라고 전언한다.

8,4-10: 이 부분은 잡다한 내용으로 구성되어 있으나 주제는 이스라엘의 완고하고 돌이킬 수 없는 죄악 상태와 그들에게 들이닥칠 비극적인 파멸에 대한 슬픔이다. 공포와 절망 그리고 애곡의 시(詩)들로 구성되어 그 분위기는 음울하기만 하다. 이스라엘은 자신들의 배신을 깨닫지 못하는 철면피들이며, 그 배신은 불신앙에서 싹텄다.

"돌아올 듯 돌아올 듯하면서도 기어이 돌아오지 않는구나. … 하늘을 나는 고니도 철을 알고 산비둘기나 제비나 두루미도 철 따라 돌아오는데 이 백성 가운데는 내가 세운 법을 아는 자가 하나도 없다"(8,5-7). 그런 와중에 혹시라도 수확을 거둘까 찾아오시나 열매 맺지 못한 무화과와 넝쿨마저 말라버린 포도나무만 발견된다(8,13). 이어서 침입자가 쳐들어 올 때 절망과 공포에 떠는 탄식시가 계속된다(8,14-23).

저들의 돌이킬 수 없는 타락을 예언자의 독백으로 계속되는 9장에서, 혀를 놀렸다 하면 남의 가슴에 칼을 꽂고 거짓과 횡포가 판을 치는 세상은 마치 현세를 본 듯 토로하는 가운데 재난이 임박했다는 긴장감을 몰고온다(9,1-10).

9,11-15의 산문체는 포로 시대에 끊임없이 제기되었던 질문들로서 불행은 백성들의 배신과 불순종이 낳은 부산물이며 그 자승자박 행위가 바로 답변으로 제시된다.

9,16-21에서는 예언자가 즐겨 사용했던 만가 형식의 쓰라린 애곡이 흐르면서 "오직 자랑할 것은 하느님의 뜻을 깨닫고 사랑과 법과 정의를 세상에 펴는 일이다"(23절)라고 호소한다.

10장: 이 부분의 결론으로서 애처로움을 자아내는 탄식기도를 인용하여(시편 79,6-7) 예언자의 기도로 마무리짓고 있다.

11-20장: 애가와 심판 예언이 어우러져 예언자의 내면세계를 풍부히 묘사해 주는 부분이다.

11,1-14는 이 부분의 서론으로서 예언자와 하느님과의 대화로 이루어진 신명기적 성격의 계약 설교이다. 이제부터 예레미야의 개인 탄식시로 나타난 다섯 가지 고백부터 먼저 살펴보기로 한다. 이 고백 부분은 야훼의 사자(使者)로서보다 만신창이가 된 한 인간의 번뇌를 대하게 된다. 심약한 한 인간으로서 자기 직분에 따라오는 어려움을 탄식하는 장들에서 독자들은 번뇌의 공감대를 가질 것이다.

① 11,18 - 12,6: 고향인 아나돗 주민들이 예언자를 죽이려고 음모를 꾸밀 때 고뇌에 찬 예레미야가 질문하고 여기에 답하시는 야훼와의 대화를 볼 수 있다. 주민들은 자신들의 내장을 뒤틀리게

하는 예언자의 바른 소리에 이제 아주 정신을 잃고 암살을 시도하려 한다. 이때 예언자는 사악한 자가 번영하는 현실에 하느님께 이의를 제기하나 그것 때문에 좌절한다면 더한 좌절에 부딪치고 말 것이라는 암시를 받고 야훼께서 자기편에 서 달라고 소리 높여 호소한다. 이에 하느님의 손길은 언제나 그와 함께할 것이라는 분명한 답을 듣고 더불어 더 큰 위험이 도사리고 있는 자신의 길을 깨닫지만 하느님께만 신뢰하는 예언자의 모습이 선명히 드러나는 부분이다. 예레미야의 이 태도는 세속화의 급류 속에서 하느님의 길을 따라야 하는 우리 모두에게 귀감이 되지 않을 수 없다.

② 15,10-21: "아아, 어머니! 왜 나를 낳으셨습니까?"로 시작되는 이 탄식의 고백은 온 나라 사람들이 다 예언자를 두고 시비를 건다는 처절한 고독감을 표출하는 속에 그는 자신이 얼마나 직무에 충실하였는지를 말한다. "웃으며 깔깔대고 흥청대는 사람들과 한데 어울리고 싶었지만 모든 환락을 멀리했다." 그런데 어찌해서 이런 증오와 고독에 처해야 하는지를 토해내면서 심지어 자기가 어려울 때 야훼께서 버렸다고 "주께서는 물이 마르다가도 흐르고, 흐르다가도 마르는 도무지 믿을 수 없는 도랑 같이 되셨다"(15,18)는 무시무시한 항변을 내뱉는다. 이어 나오는 것은 예레미야의 격정적인 항의에 대한 응답으로서 그의 개인적인 신탁을 상기시켜 주고 있다. 만일 네가 예언의 직무를 계속하려면 그러한 나약한 정신과 태도를 깨끗이 버려야 하며 야훼께 순종하기만 하면 "내가 너와 함께하여 너를 구하여 건질 것이다"(20절)라는 소명받을 때의 약속을 갱신해 주고 계시다.

③ 17,14-18: 예언자의 기도로 이뤄진 이 고백록에도 역시 그의 특징이 잘 드러나 있다. 원수와 부딪칠 때 그는 능력의 하느

님과 그분의 약속에 다시 혼신을 다해 매달린다.

④ 18,18-23: 백성들이 예언자를 잡으려 할 때 하는 탄식의 고백으로 예언자의 생명을 노리는 음모가 엿보일 때 예레미야는 우리로서는 형언하기 어려운 잔인한 반응을 보여 그 음모의 부당함을 항의한다. 여기서 우리는 그가 하나의 성인으로서 또는 기계처럼 자기 사명을 다하는 것이 아니라 인간의 온갖 약점을 지닌 채 하느님의 사람으로서 성실을 다하는 한 인간의 진면목을 대할 수 있게 된다.

⑤ 20,7-18: 어수룩하게도 주님의 꾐에 넘어간 사나이가 이제는 그만 그 짓누르는 짐을 벗어던지고 싶지만 뼛속까지 사무친 주의 말씀이 심장 속에서 불길처럼 타올라 견디다 못해 손을 들고 마는 고백을 듣게 된다. 여기서 모욕을 가져다준 야훼의 말씀과 그리고 기쁨과 즐거움을 가져다준 야훼의 말씀 사이에서 번뇌하고 몸부림치는 한 인간을 또 만나게 된다.

이어서 예레미야가 완전히 진이 빠져 자살하기 직전까지 이르는 절망상태에서 왜 세상에 태어났는지를 신음처럼 쏟아내면서 결정적인 순간에 하나의 해답을 얻어낸다. 야훼께서는 결코 예레미야가 이러한 절망으로 침몰되어 버리는 것을 원하지 않으실 분이라는 것이 드러났다. 항상 이런 탄식들과 병행하는 것이 예언소명을 주실 때 한 야훼의 약속이다. 하느님은 당신 약속에 성실하신 분이라는 고백은 구약 전체에 흐르는 희망이며, 이 약속에 대한 절대적인 신뢰가 예언자를 끝까지 견지시켜 준 힘이라는 것이다.

이상의 다섯 가지 탄식고백은 예레미야의 수난기(26-29; 36-45장)와 상통하면서 또한 이 부문은 구약 어느 곳에서도 찾아볼 수 없고 오직 제2 이사야의 야훼 종의 노래와만 비견할 수 있는 부분이다. 이 단락에서 하느님의 길을 걷는 사람의 생애는 고난의 여정이라는 구원사의 신비(빠스카의 신비)를 엿보게 한다. 이는 바로 현세 속에서 살아가는 신앙인으로서 겪어야 하는 길, 다시 말하면 예수 그리스도의 수난을 예표한 예언자의 삶은 바로 우리가 걸어야 하는 길이라는 것을 일러주면서 "누구든지 나를 따르려면 자기 십자가를 지고 따라야 한다"(마태 16,24)는 예수님의 말씀을 한 번 더 가슴에 새기는 부분이라 할 수 있겠다.

지금까지 이 단락(11-20장) 안에서 예레미야의 개인 탄식고백을 살펴보았는데 이제 심판 예언들과 함께 또 다른 형식의 탄식을 살펴볼까 한다.

① 14,4 - 15,4: 하나의 문학적 통일체를 이루는 부분으로 주제는 나라의 위기를 나타내는 민족시(詩)이다. 동포의 고난에 대한 연민이 생생히 묘사되어 나오는 예언자의 기도 속에는 마음으로부터 우러나오는 감동과 신실성이 진액처럼 묻어나오지만(14,7-9) 백성들의 고질적인 불성실 때문에 그 기도가 응답받지 못하는 것이 산문체로 이어진다(11-16절). 이어서 탄원의 기도가 나오지만 그들의 간청은 한마디로 거절당한다. 모세와 사무엘같이 위대한 중재자들이라 할지라도 이 백성을 구원할 수 없을 것이란다(15,1).

이때 예레미야의 태도에는 동포들의 재난과 하느님의 분노 사이에 홀로 서서 어찌할 바를 모르는 처연함이 고조되고 있다.

② 16,1-13: 독신생활을 통해 이스라엘의 극심한 불행을 상징적으로 드러낸다. 가까이 오는 심판의 표징으로써 가정생활에까지 미칠 극심한 불행을 자서전적인 맥락 안에서 보여준다. 백성

위에 들이닥칠 무서운 운명의 징표로서 왜 자신이 결혼을 하지 않고 자녀를 가질 수 없는지와, 이웃의 일상적인 희로애락에 동참할 수 없는지를 설명하는 가운데 심리적인 억압이 적나라하게 표출되어 있다. 예언자 시대에는 이스라엘 사회에서 아직 독신의 전례가 없었는데, 예레미야는 야훼의 명에 복종하여 이 모든 것을 이행해야 했던 것 안에서 그 상징의 의미를 읽을 수 있다.

③ 18,1-12: 역시 자서전체로 된 것으로 옹기장이와 점토의 비유를 통해 말씀을 받아들이는 예언자를 만나게 된다. 옹기장이는 점토로 무엇이든 그가 원하는 것을 빚어 만들지만 점토가 유연하고 부드러워야 원하는 작품을 만들 수 있듯이, 여기서 말하고자 하는 핵심은 점토의 질이 옹기장이가 만드는 옹기를 결정하듯이 한 백성의 자질이 하느님으로 하여금 그 백성을 어떻게 처리하실 것인지를 결정하게 만든다. 그러므로 이 부분의 요점은 11절에 나타나 있듯이 하느님 심판의 불가피함이 드러나는 데 있다. 여기서 우리는 회개의 기회를 유예해 주는데도 그것마저 깨닫지 못하는 인간의 어리석음을 통감하지 않을 수 없다.

④ 19,1 – 20,6: 오지그릇을 깨며 예언하는 예레미야의 상징적인 행동을 만나게 되는데, 그는 야훼의 명령을 받고 예루살렘의 "옹기 대문" 바로 밖에 있는 벤힌놈 골짜기에서 장로와 사제가 보는 앞에서 오지그릇을 깨는 상징적인 행동을 하여 예루살렘도 그와같이 회복할 수 없을 정도로 파멸될 것이라고 심판의 경고를 반복한다. 이 행동은 그 당시 이스라엘 백성에게는 야훼 말씀의 실재성을 담고 있는 것으로 받아들여졌기 때문에 백성들 편에서는 너무나 끔찍스런 목적을 담고 있는 것으로 직감했다. 따라서 제사장인 비스홀은 그런 행동을 한 예레미야를 때리고

차꼬를 채웠던 것이다. 이러한 상징적인 행위 속에서 하느님의 권능과 인간의 자유의지에 따른 책임추궁이 두드러지게 나타나는 것을 우리는 결코 간과해서는 안될 것이다.

⑤ 기타 이 단락에서 보여주는 것은 몇 가지 서로 관련없는 탄핵들이 섞여 있다.

13,1-11: 자서전적인 산문체로 모시로 만든 허리띠에 관한 행동은 상징성을 띠고 있다. 이는 이스라엘은 처음에는 하느님께 찬미와 영광을 드리며 선택된 민족으로서 모시 잠방이를 입은 높은 직분의 사람처럼 대우받았으나 그들의 고집과 교만은 썩어서 아무 쓸모가 없는 바스라져 버린 잠방이처럼 되물릴 수 없는 한(限)을 삼킬 것이라는 의미이다.

13,12-14: 포도주 병에 관한 풍자로써 야훼께서 그들을 잔뜩 취하게 하여 온전히 행동할 수 있는 능력을 빼앗아 그들이 희롱하고 있는 병들과 같이 박살내어 버릴 것이라고 한다. 이렇게 전능자를 배신한 자의 말로를 여실히 보여주어 우리로 하여금 현재를 직시하게 만든다.

21-25장까지는 시대순이 서로 섞이면서 여호아하즈·여호야킴·여호야긴·시드키야 등 유다의 마지막 왕들을 상대로 한 충고와 설교들이다. 목자로서 백성들을 영도해야 할 국왕들이 권력을 남용하여 거듭거듭 불의를 자행할 뿐 아니라, 거짓 예언자들의 듣기 좋은 말에 현혹되어 장사꾼 노릇으로 그 직분을 저버렸다는 매질이 매섭다.

21,11 - 23,8: 특히 시와 산문이 같은 비율로 복합된 부분으로 상당 기간에 걸쳐 이루어진 것으로 추정되며, 군주제와 하느님의 경륜에 대한 예레미아의 견해가 분명히 명시되어 나오므로 주목

되는 부분이기도 하다. 이 부분에서 특기할 것은 소외된 자들의 권리를 옹호하여 사회정의가 실현되도록 불림을 받은 다윗 왕조의 성실도를 채찍질함이다. 이를 실행하느냐의 여부에 따라 상벌이 책정될 것이며, 이어서 왕들의 비리를 신랄히 추궁하여 바른 정치를 펴지 못하는 권력남용자들의 굴욕적인 최후를 예언하는 가운데 왕정사의 마지막 시대가 분명하게 반영되어 나온다.

23,1-8: 바빌론 포로기를 전제하는 부분으로, 때가 되면 하느님은 다윗의 정통 왕손에게서 이스라엘의 참 목자를 일으키실 것이며 이 남은 자 안에 기대되는 그리스도 메시아 왕에 대한 예언이 사위어가는 맥에 한 점의 광휘로 두드러진다.

23,9-40: 심판의 예언자 예레미야와 거짓 예언자들과의 반립 관계가 뚜렷하게 나타나며, 무화과 두 바구니의 비유(24,1-10)는 지도자들에게 주신 말씀의 결론으로서, 예언자는 자기 동포들의 장래를 극적으로 묘사하여 나쁜 무화과는 앞으로 건재하지 못할 것이며 좋은 것만이 살아서 남은 자들이 될 것이라고 선언한다.

25,1-14: 제1부의 결론 부분으로서 예레미야의 활동을 회고의 양식으로 요약한 산문체이다. 70년 동안 유배의 쓴잔을 마시고 고국으로 돌아오리라는 신탁은 꼬박 한 세대를 가리키는 것으로, 이제 그 후손만이 고국의 땅을 밟으리라는 애상이 고조된 부분이다. 그러나 유다를 먹어삼킨 바빌론 또한 심판의 범주에서 벗어나지 못할 것이라고 선언하는 속에 예레미야의 가장 초기 수록집인 그 핵심을 전하고 있다.

제2부: 이방인들에 대한 심판 예언(25,15-38; 46-51장)

죄악으로 점철된 인간 군상 위에 하느님의 "의노의 잔"이 흘

러넘쳐 그 벌을 모면하지 못할 것이라는 심판이 격조 높게 드러
난 부분이다. 25,15-38은 46-51장의 이방 국가에 대한 심판 선
언의 서론으로서 "분노의 잔"으로 묘사된 심판 신탁에 우주는
사면초가에 부딪친다.

46,1에서 이 단락의 주제가 드러나듯 이방 민족에 대한 벌이
선고된다. 에집트를 향한 두 개의 선언으로 된 46장은 느부갓네
살(바빌론 왕)의 접근에 대한 에집트의 공포가 생동감있게 표출되
어 나오는데, 이 부분은 예레미야서 전체를 통해서도 그 시적 우
수성을 높이 평가받는 부분이라 하겠다. 요시아 왕(유다의 왕)을
전사시킨 에집트의 파라오 느고가 바빌론으로부터 멸망되며 이스
라엘의 강적으로 잔존했던 불레셋도 이때 나뒹굴어진다(47장).

48-49장: 계속하여 이스라엘의 인근 국가들이 차례로 붕괴되
는 과정을 웅대하게 극적으로 묘사한다.

50-51장: 거대한 괴물 바빌론에 대한 예언으로 이는 포로 기
간 동안 모은 민족적 신탁으로 고대의 그 많은 국가들 중에서도
바빌론만큼 이스라엘에게 물리적 내지 정신적 충격을 크게 가한
나라는 없을 것이다. 따라서 유대인들은 바빌론을 선민의 제일
의 적으로 간주하여 가장 긴 심판 예언 속에 감정적인 강도를
심각히 그려내고 있는 것이다.

이 단락에서 나타난 지배적인 주제는 하느님이 역사의 주인으
로서 묘사됨이다. 이제 머지않아 바빌론이 붕괴되고 유다인들은
고국으로 귀환하리라는 예언으로써 이 단락을 끝맺는데, 재난의
역사를 주관하시는 하느님의 활동은 그들을 모조리 죽음으로 끝
장내는 것이 아니라 "그러나 뒷날 나는 엘람의 본토도 수복시켜
주리라. 나 야훼의 말이다"(49,39)라는 속에 회복의 언약을 함

께하여 여명을 주고 있다. 이스라엘은 야훼의 세계 주관이 결코 편파적이 되어서는 아니된다는 것을 주지시키면서 우주를 다스리시는 하느님의 보편성을 두드러지게 한다. 결국 강한 민족이든 약한 민족이든 모든 인류는 하느님의 법으로부터 달아날 수 없으며, 온 우주를 주관하시는 하느님의 권능만이 우리 모두가 승복해야 하는 힘임을 드러내어 우리가 귀의해야 할 길을 제시하고 있다고 보겠다.

제3부: 예레미야의 수난기와 유다에 대한 구원 약속(26-35장)

주로 바룩에 의해 기록된 것으로 26-29장은 36-45장과 함께 예레미야의 수난사라고 불리며, 30-35장은 구원에 관한 행복 선언을 하고 있다.

고난의 생애를 살고 간 예언자의 수난기를 알리는 26-29장을 먼저 살펴보기로 하자.

26장: 여호아하즈 왕이 국외로 추방당하고 그의 동생 여호야킴이 즉위했던 기원전 609년에 발생한 사건이다. 예언자가 성전에서 자기 백성을 향해 진심으로 뉘우치지 않으면 성전은 실로의 옛 성소처럼 파괴될 것이라고 엄포한 성전 설교(7,2-15)를 더 확대시킨 부분으로 본다.

예언자의 이 설교는 오만으로 가득 찬 백성의 가슴에 불을 질러 그들은 예언자를 죽이려 광란한다. 그러나 의식있는 몇몇 고관들이 사태를 공정하게 판정하여 예레미야는 기적적으로 목숨을 부지한다. 여기서 주지할 것은 어떠한 예언자도 야훼의 뜻을 전달하는 것 때문에 보복당할 수 없다는 의지가 확고하다. 그랬기 때문에 바른 양심을 가진 몇몇이 예언자를 올바로 알아보았던 것이다. 이토록 인류사에서는 더 인간다운 삶을 위해서 불의에 대항하는 무리가 아무리 극소수라 할지라도 그 의로움을 깡그리 없애버리지 못한다는 교훈을 본다.

27-29장: 하느님의 자명한 명령이 내렸는데도 바빌론에 반항한다. 이 자살적 정책을 막으려는 예레미야의 외로운 투쟁이 그려져 있다. 반(反)바빌론 정책이 하느님의 명령에 어긋나는 이유는 하느님께서 바빌론을 선택하여 당신을 배반한 백성을 징벌하고자 이미 작정하셨기 때문에 바빌론은 하느님의 도구이다. 그러므로 이스라엘은 인내와 겸손으로 이 벌을 참아받아야 하는데 이를 거역하니 예언자의 가슴은 답답할 뿐이다. 그래서 예언자는 예루살렘의 사절들 앞에 야훼의 주권적 의지를 나타내는 "느부갓네살의 멍에"를 상징하는 소의 멍에를 메고 나타났던 것이다.

다음 장(28장)에서 예레미야는 이제 거짓 예언자 하나니야와 대결한다. 이때 하나니야는 어깨에 멘 예레미야의 멍에를 짓부수어 버리고 온갖 모욕을 퍼붓는다. 그러나 이제 누가 거짓 예언자인지는 그 결과가 말해줄 것이라는 긴박감이 독자들을 감싼다. 인간이 인간을 우롱할 수 있을지는 몰라도 하느님은 결코 인간에게 우롱당하실 수 없다는 것이 여기서 두드러진다.

이어서 바빌론 포로민들에게 보내는 예언자의 편지(29장)는 가까운 장래에 해방이 올 것이라고 선동했던 거짓 예언을 뒤엎고 그곳에서 살 집을 짓고 장가들어 안정된 가정생활을 영위하란다. 그리고 이교 백성들의 틈에 무방비상태로 살다가 자취도 없이 사라지는 현세적 삶에만 몰두하지 말라고 경고하여, 사람이 살아가는 데 있어서 참 삶의 의미를 함께 궁구할 것을 권고

한다. 이때 함께 살고 있는 이교 민족들을 위해서도 기도하라고 함으로써 인류를 위한 "빛"의 역할을 상기시켜 온 인류의 복지를 위한 인간의 도리를 일깨운다(이사 42,6; 49,6).

30-35장: 엄밀하게 구분하자면 30-33장은 위로의 책으로 보고 34-35장은 부록이라 할 수 있다. 여기에 묘사된 구원의 약속들은 예레미야 시대부터 포로 후기까지 확장된 편집물이다.

30-31장의 밝은 소식들은 처음에는 예레미야 활동 초기에 북이스라엘을 위하여서만 선포되었다가 후에 전 이스라엘로 확장된다. 귀환이라는 역사적 사건을 넘어 새 인류가 출현하여 새 계약이 맺어지리라는 예언(31,31-34)은 특기할 부분이다. 이제 하느님은 미래의 어느 날에는 바로 당신 백성들의 죄를 모두 용서하여 그들의 마음 속에 당신의 법을 새겨서 그들 모두가 기필코 하느님을 알게 되리라는 새로운 이 계약은 메시아 시대의 태평성대, 특히 하느님과 인간 사이에 이루어질 새로운 관계에 그 초점이 있다. 이 새 계약은 시나이 산의 법전을 대신할 다른 법전이 아니다. 이는 돌판에 새겨질 것이 아닌 피가 흐르는 마음에 새겨질 내심(內心)의 법전이다. 새 계약은 죄를 없애주고 머리로보다는 마음으로 하느님을 알아뵙게 만들어 이제 "하느님의 자녀임을 알게 될 것이다"라고 사랑의 진액을 철철 넘치게 하고 있다.

이 항목은 성서 전체를 통해서 가장 심오하고 감동적인 구절 중의 하나로 신학의 정점을 이루면서 빛나고 있다.

32장에서 예레미야는 전쟁의 소용돌이 속에 영어의 몸으로서도 평화시에나 하는 밭을 사는 상징적 행위를 하고 있다. 이는 폐허가 될 예루살렘이지만 이스라엘이 앞으로 반드시 이곳에서 다시 사고 팔게 될 것이라는 희망을 알려주는 부분이다.

34-35장은 시드키야 왕이 노예를 해방했다가 다시 부리는 비리를 찔러 그 행하는 만큼 당하리라는 고발이 비수 같고 35장의 레캅인들이 포도주를 마시지 않는 일화는 이방인도 자기 선조의 관습을 충실히 지킨다는 교훈을 주고 있다. 예레미야의 고난의 생애를 통해 오늘날 주고자 하는 하느님의 전언을 썩어가는 양심에 빛 밝혀 진정한 자유민으로 살기 위한 길을 보여주고 있다고 본다.

제4부: 예레미야의 수난기(36-45장)

역사 기록에 해당하는 부분으로 예레미야를 3인칭 주인공으로 하고 있다. 적의 포위공격으로 망해 가는 예루살렘을 배경으로 하여 예언자가 체험한 것을 보고하는 전기적 수난설화로 바룩이 전화의 폐허를 목격한 후 기록한 것으로 보인다.

36장: 여호야킴(609~598) 왕과 예레미야의 적대관계를 그리는 가운데서 하느님의 명령이 백성들과 제후 그리고 왕에게 전달된다. 왕이 그 두루마리를 받아 찢어 불태울 때 결정적 사건이 일어난다. 예레미야와 바룩은 겨우 목숨을 부지하지만 왕 또한 이때 일격을 받는다.

시드키야 왕 시대의 막바지 사건을 묘사하는 37-39장은 예루살렘의 포위와 정복에도 예레미야는 마지막까지 하느님의 사람으로서 성실을 다하는 것이 눈물겹게 나타난다. 그는 자기 백성에 대한 하느님의 심판이 외국 정복자에 의해 감행된다고 외쳤기 때문에 자기 동포로부터 핍박을 받고 투옥까지 감내해야 했다.

40-45장: 예루살렘 함락 이후의 예언자의 생애를 다루고 있다. 이때 예언자는 전시의 와중에 사슬에 묶여 라마의 포로 수

용소에서 온갖 고초를 겪고 있었다. 그러나 바빌론의 근위대장에 의해 석방되어 본토에 남을 수 있었으나 바빌론이 임명한 총독 게달리야가 동포들로부터 암살당하자 예레미야는 고국에서 자기 생을 마치려 한 희망이 무너지는 또 하나의 벽에 부딪친다. 따라서 조국 이스라엘이 야훼께서 약속하신 대로(32,1-15) 언젠가는 국가로서의 삶을 다시 회복하게 되리라는 그 바람마저 산산이 부서져 내리는 무위감에 직면한다. 그러고는 게달리야의 살해 사건이 직접적인 원인이 되어 그는 자신의 예언이 계속 거부당하는 것을 체험하는 속에서 결국 자기 동포에 의해 낯선 나라로 끌려가 고독하고 처절한 최후를 맞는다.

이때 그는 계속하여 에집트가 결코 저들을 구원해 주지 못한다고 경고하고(42-43장), 에집트에서 우상숭배에 빠진 동포들의 최후는 지리멸렬할 것이라고 분노를 터뜨렸지만 아집과 핍박으로 가려진 눈과 마음은 끝내 화를 초래하고 말았다.

45장: 바룩의 인간적 모습을 엿보게 하는데, 바룩은 자신의 감정과 개인적 관심과는 아무 상관없이 끝까지 예언을 받아쓰면서 자기 스승과 함께 남는 용기를 보이면서 예레미야의 전기를 끝맺는다.

제5부: 역사 부록편(52,1-34)

마지막 52장은 역사 부록으로서 예루살렘 함락 때의 그 참변을 묘사한다(2열왕 24-25장). 여기서 예언자가 갖은 수모와 질시 속에서도 끝까지 선포한 그 모든 것들이 빠짐없이 이루어졌다고 하는 것에 주지할 필요가 있다. 이렇듯 하느님의 사람 예레미야는 참 예언자로서 그의 선포가 다 이루어졌다.

8. 종교적 가르침

민족의 가장 아픈 시기에 하느님의 말씀을 전달해야 했던 예레미야는 말씀에 순종했을 뿐만 아니라 마음 속의 감정을 토로하지 못한 인물은 아니었다. 따라서 적들에게 "철벽"으로 통할 만큼 확고하고 요지부동하면서도 하느님을 은근히 의심하고 발끈하여 분노를 터뜨리기도 한 인물이었다. 그의 생이 비극적인 실패로 끝난 것처럼 보일지 모르나 실제로는 하느님을 끝까지 섬기는 영웅적인 일대기를 보여주는 가운데 메시지를 전한다.

① 하느님은 예언자의 혀뿐 아니라 정신까지 사로잡으시어 삶 안에서 메시지를 전달하게 하셨다. 따라서 그는 가르치면서도 그것으로 말미암아 고통과 수난을 당해야 했다. 그래서 복음을 가르치면서 십자가의 고통을 통한 빠스카의 삶만이 영원한 삶에로의 길이라는 것을 손수 삶으로 증언하신 예수님의 예표로 드러났던 것이다. 이것이 바로 우리 그리스도인 모두가 걸어야 하는 길이라는 교훈을 주고 있다.

② 하느님은 잊혀져 가는 당신의 계약을 새 차원에서 맺게 해주신다. 하느님께서는 인간에게 한 마음, 즉 내심의 법을 주시어 신(神)과 인간의 관계를 인격적인 만남으로 이끌어주시고자 한다. 하느님의 뜻을 간직한 새 인간은 이제 그분께만 신뢰하고 그분의 뜻을 자진해서 실행하게 될 것이다. 새 차원의 이 상호 연관성은 하느님과의 공동 광장을 마련하게 되었고 이 모든 것은 위기를 통해서 얻은 정화의 업적에서 드러난다.

이제 우리는 죄와 허물 안에서도 회개에로의 초대에 목말라할 수록 하느님은 단순히 정의만을 요구하시는 분이 아니라 사랑 자체이심을 체험하게 될 것이다. 여기서 구속신앙이 싹트기 시작하면서 구원은 다름아닌 하느님과의 공동생활을 하는 것으로 인식하게 된다. 이 생활을 대망한다는 것은 하느님의 통치권을 완전히 인정한다는 것이며 이것이 예언자가 우리에게 호소한 새 인간에로의 초대인 것이다.

이제 예레미야의 대서사시를 마감하는 여기서 역사 자체가 예언의 진실성을 말없이 증언하는 산 증인이라는 것을 받아들여야 할 때라고 본다. 영원히 살아 계신 하느님은 예레미야 안에서 세속화의 물결에 갈팡질팡하고 있는 현대인에게 당신의 모상 닮은 인간성의 회복을 요구하고 계시다. 지금도 예레미야 안에서 애인처럼 다가와 마음과 마음의 교류를 갈망하시는 아버지 하느님의 초대에 나는 지금 어떤 상태에서 상면하고자 하는가?

나 훔 서

1. 시대 배경

12 소예언자 그룹에 속하는 나훔서 전체는 아시리아의 수도 "니느웨"를 규탄하는 심판 신탁을 담고 있다. 잔인하고 호전적인 아시리아 제국은 북이스라엘을 멸망시키면서 약 100여 년간 선민을 괴롭혀 왔다. 그런데 요시아 왕 말년에 그 세력이 기울기 시작하면서 기원전 625년 메대와 바빌론이 힘을 합하자 그 막강했던 위세가 폭삭 꺾이고 만다. 612년 니느웨가 괴멸되고 시리아의 하란에 주둔한 나머지 군대도 609년 최후를 맞아 중동에서 영영 자취를 감추고 말았다. 나훔 예언자는 니느웨가 멸망하기 전에 이를 내다보고 우주 만물을 다스리시는 하느님은 힘을 남용한 흡혈귀를 결코 그대로 내버려두지 않으신다고 선언하여 행위에 따른 상선벌악의 결과를 묘사한다.

2. 인 물

예레미야와 동시대 인물로 고향은 "엘코스"라는 것 외에 그에 관해서는 그가 남긴 조그마한 예언서로서만 추정할 수밖에 없다. 지금까지의 추정을 종합해 보면 그는 유다에 관해 비상한 관심을 표명하는 일종의 민족 신탁의 예언을 하는 것으로 보아 유다 출신이며, 성전 제의식과 활동에 정통한 성전 주변에 머문 예언자로 추정한다.

"야훼께서 위로하시다"라는 나훔 이름 그대로 자기 민족을 격려하여 억압과 고통중에 있던 유다 백성을 위로하며 악행자의 말로를 생생히 묘사한다. 본 예언서에 나타난 문체로 보아 고대 이스라엘의 예언자 중 뛰어난 시인으로 그의 시적(詩的) 천재성이 높이 평가되고 있다.

3. 구 분

제1부	제2부	제3부
1, 1-8	1, 9 - 2, 3	2, 4 - 3, 18
서 론	유다에 구원을 선포하고 니느웨를 위협	니느웨 멸망에 관한 만가

4. 주요 내용

아시리아의 지배 아래 있던 유다인들의 울분과 증오가 잘 드러나 있는 본 예언서는 총 3장으로 이뤄져 있다.

제1부: 서론(1, 1-8)

아시리아의 수도 "니느웨"의 멸망을 예견하면서 히브리 민족이 즐겨 쓰는 알파벳 식의 시(詩, 아크로스틱식 찬양시) 형식으로 야훼의 능력을 폭풍으로 묘사하여 고통받는 당신 백성을 구원하러 오시는 막강한 힘을 드러내고 있다.

특히 야훼께서는 자연 현상(바람·구름·비·강·꽃·언덕·바위 등)을 마음대로 다스리시는 분으로 주께서 분노를 터뜨리시면 막을 자 그 아무도 없다고 지적한다. 따라서 하느님은 특히 힘없는 자의 피난처이며 올곧게 사는 자는 그분께 달아들면 모든 것을 안심할 수 있다고 하여 하느님은 우리가 안주할 수 있는 유일한 고향으로 드러난다.

제2부: 유다에 대한 구원 선포와 니느웨에 대한 위협(1,9 - 2,3)

유다에 대한 구원과 니느웨의 최후를 응징하는 위협 선고가 병행되어 전쟁의 화가 온 거리를 휩쓸고 있다. 이 부분은 니느웨가 멸망하기 직전에 기록된 것으로 추정된다. 니느웨가 붕괴될 것을 기정사실로 묘사하는 이런 형식은 앞으로 일어날 사건을 이미 실현된 것처럼 묘사하는 역사적 현재(現在)의 기술 방법에 의한 것이다. 이 단락에서 특기할 것은 구원의 기쁜 소식에 대한 확고한 신앙이 저변에 깔려 해방의 축제 분위기가 고조된다. 따라서 찬미가로 응답하는 예식 예언의 성격이 드러나 있다.

제3부: 본론 — 니느웨 멸망에 대한 만가(2,4 - 3,18)

니느웨의 멸망을 음울한 만가로 읊조린다. 가혹한 비난이 퍼부어지는 유혈의 도시는 지금까지 수만 가지 불의를 자행했기 때문에 비수를 받아 마땅하다.

2,4-14: 니느웨의 멸망을 군사적 용어를 사용하여 응징한다. 약탈과 살육을 일삼은 도성의 최후는 피를 철철 뿌리면서 비리를 행한 대가를 받는단다.

3,1-7: 특히 자기 이권을 위해 수단·방법을 가리지 않은 금수 같은 만행은 바로 창녀의 짓이라고 포효함으로써 자기 이득 때문에 이웃을 살인하면서도 모르는 이 비정의 세태에 주는 신탁이지 않을까.

3,8-18: 고대 나치로 상징되는 니느웨의 최후는 이제 에집트의 데베스같이 멸망할 것이란다. 이는 아무리 힘이 막강하여도 그 최후는 재로 화한다는 인간의 힘의 무력함을 절절이 나타내어 야훼만이 역사의 주인이시라는 엄연한 사실이 부각된다(2,14). 인간의 눈으로 볼 때 의로운 이의 최후가 비극으로 끝나는 것처럼 보이나(1,12) 구원으로 묘사된 포도밭으로 인도되는(2,3) 여기에 희망이 엿보인다. 그러나 인간이 인간답게 살지 않았을 때 "몸에 똥물을 끼얹는" 수모를 당하여 하느님과 사람에게 조소거리일 뿐이라는 사실이 강조되어(3,1-8) 짓뭉개진 양심으로 살아간 죄인의 최후가 나훔을 통해 오늘을 질타하고 있다.

5. 종교적 가르침

시나이 현현처럼 나타난 하느님 앞에서 심판의 원칙이 밝혀진다. 나훔서가 다른 예언서와 상이한 점은 자기 민족의 타락보다는 하느님으로부터 부여받은 힘을 악용하는 인류에 대한 규탄이다. 인간의 존엄성을 말살하면서 역사를 주관하시는 하느님께 대항하는 어리석음이여! 하느님을 거슬러 바벨탑처럼 부정과 불의의 탑을 쌓아보았자 결국 공중누각에 불과할 것이다.

정의의 심판자 하느님은 개인이든 국가이든 바르게 살지 못하는 자들에게는 반드시 응분의 벌을 주신다는 심판이 생동감있게 전해진다.

따라서 지도자들의 올바른 지도와 헌신의 중요성이 부각되면서 불의의 국가 시책은 그 국가를 패망으로 치닫게 한다는 사실이 니느웨 도시의 폐허가 오늘날 고고학에서 증명하고 있다.

　이렇게 하느님은 불의한 자에게는 복수의 활을 당기시고 올곧은 자들에게는 마지막 안식처임을 나훔 예언자를 통해 재천명하여 휘청대는 오늘의 우리에게 위안을 주고 있다.

하바꾹서

1. 시대 배경

예레미야와 동시대로 추정되는 본 예언서의 역사적 배경은 아시리아의 세력이 기울어질 때 갈데아인들이 메대인들과 연합하여 아시리아를 패망시키고 신흥세력으로 득세할 때다. 이에 유다는 느부갓네살이 이끄는 신바빌론 제국의 침입으로 (605~598) 그 압정에 시달리면서 허우적거릴 때 동포를 향한 하바꾹의 탄식시가 내려진다.

2. 인물과 특성

하바꾹이란 "포옹하다"라는 의미로 마음과 팔로 동포를 포옹하며 기운을 북돋아주고 가난한 자와 우는 이의 위로자이다. 하바꾹 예언자에 관해선 나훔과 마찬가지로 미지의 인물로 추정할 수밖에 없다(1,1).

그는 유다에 닥친 징벌을 보고 철학적 사색을 하여 하느님의 정의가 어떻게 바빌론 같은 악인들을 통해 구현되는지 의문을 제기한다. 이 문제제기를 대화 형식의 탄식시로 묘사하는 점이 특이하며, 또한 이사야의 사상(이사 7,9)을 재천명하여 주님께 향한 절대적 신뢰를 고백하고 있다 하겠다.

3. 구 조

예언자의 항변과 하느님의 대답으로 이루어진 본 예언서는 총 3장으로 되어 있다. 먼저 세기를 통해 의문이 제기되는 선과 악의 문제를 1-2장에서 다루는 역사 서술 부문은 대화 형식이며, 3장에서는 제기한 의문에 대한 대답으로 구원을 호소하는 아름다운 기도로 하느님을 찬미하고 있다.

제1부: 역사 서술 부분					제2부: 기도 부분			
1, 1 - 2, 5				2, 6-20	3, 1-19 (본질)			
1, 1-4	1, 5-11	1, 12-17	2, 1-5		3, 1-2	3, 3-7	3, 8-15	3, 16-19
예언자의 물음	하느님의 물음	예언자의 물음	하느님의 물음	바빌론인들을 향한 다섯 가지 저주	서 론	하느님의 개입	하느님의 역사하심을 상기함	희 망
하느님께 도전					하느님의 최후 승리를 찬미하는 시편			

4. 주요 내용

제1부: 역사 서술 부분(1, 1 - 2, 20)

다섯 개의 짧은 언사들로 구성된 역사 서술 부분은 두 개의 대답으로 이루어져 있다.

첫째, 하느님께 향한 항변으로(1, 2-4) "어인 일로 이렇듯이 애매한 일을 당하게 하시고 이 고생살이를 못 본 체하십니까" (1, 3)란 의문제기는 성서의 인물들이 가장 이해할 수 없었던 것이며("어찌하여 사악한 자들이 만사에 성공합니까", 예레 12, 1-

2) 동시에 현금(現今)의 우리들에게도 가슴에 응어리져 있는 의문이기도 하다. 하바꾹의 이런 항변에 야훼께서는 이해할 수 없는 답변을 주신다(1,5-11). 유다인보다 더 많은 악행을 일삼은 갈데아인(바빌론 사람)을 어째서 벌하시지 않을 뿐 아니라 선민을 벌하시는 도구로 쓰시냐고 흥분을 감추지 못한다. 이에 하느님은 먼저 제 힘을 하느님처럼 믿는 무리, 특히 고관대작과 임금까지도 이제 노리갯감에 지나지 않을 것이며, 티끌처럼 흔적도 없이 날아가 버릴 것이라고 심판의 벌부터 주신다.

둘째 대담에서 예언자는 무조건 원망하던 태도를 늦추어 애조를 띠며 호소한다(1,12-17).

왜 무죄한 자까지 희생당해야 하는지를 항변하는 속에 갈데아인들의 만행을 들추어낸다. 이제 하바꾹은 아무리 부르짖어도 하느님은 멀리만 계시는 것 같아 그 대답을 더 잘 듣기 위해 망대로 올라가 눈에 불을 켜고 기다린다(2,1-5). 이는 정의에 목말라 가슴에 피멍울을 삼키면서 살아갔고, 그리고 살아가는 모든 선의의 사람들의 간절한 염원이기도 하지 않은가.

이에 하느님은 "올곧지 못한 자는 교만하나 의인은 신의로 살리라"고 응답하여 쉬이 오지 않을 것이지만 "끝날"은 반드시 찾아와 하느님의 권선징악에 대한 확신을 심어주는 2,4는 이 책의 주제이기도 하다. 악인이 아무리 막강해 보여도 결국 그 최후는 멸망뿐이며, 의인은 어떤 난관 속에서도 하느님께 충실하므로 그분께서 돌보아주신다는 신뢰가 뿌듯하다.

이제 예언자는 다섯 가지의 저주로 힘깨나 쓰는 잔학한 정복자를 개별적으로 열거하여 그 멸망에 관한 이유를 제시한다(2,6-20). 화를 입으리라로 시작되는 이 다섯 가지 저주는 바빌론의 피할 수 없는 멸망뿐 아니라 국내의 죄악도 함께 응징한 것이며 나아가 영원하신 분의 엄포는 오늘의 민족들에게도 향해져 있다는 것을 주목해야 할 것이다. 특히 다섯번째의 저주(2, 19-20)는 전혀 생명이 없는 말 못하는 허수아비 우상과 돌들 앞에서 그만 주무십시오 하는 어리석음과, 온 세상을 잠잠케 하실 거룩한 하느님의 영광이 서로 대칭을 이루는 점이 두드러진다.

예언자들을 통한 하느님의 목소리는 동서고금을 막론하고 인간의 길에는 그 정도(正道)가 있음을 보여준다. 혼미와 암담함을 안고 살아가는 오늘의 우리 사회·정치·경제·문화인들이 하바꾹의 소리를 들어 그 정도를 향한 길을 무리지어 가는 것을 바라는 마음 누가 감히 마다하겠는가.

제2부: 기도 부분(3, 1-19)

3장의 시편은 아름다운 기도와 찬미가로 이루어져 1-2장과는 그 분위기가 다르다. 주변에서 일어나는 갖가지 이해하지 못할 사건들에 울분을 터뜨리던 예언자는 이제 그 태도를 바꾸어 하느님의 말씀에 따른 신앙고백의 찬미가를 읊조린다.

기도의 본질(3, 1-2.16-19)과 하느님의 업적을 상기시키면서(3, 3-7.8-15) 결국은 하느님께 승복하고 마는 신앙이 드러난다. 태초에 우주를 창조하신 하느님의 업적과 출애굽 때의 하느님의 구원사업을 연결시켜 하느님의 명성을 노래하는 것은 모세의 축복(신명 33장)과 드보라의 노래(판관 5장)를 연상시킨다. 또한 악행의 결과를 상징하는 흉년과 결핍을 면밀히 꼬집어 내면서 끝까지 하느님의 길을 걷는 자의 희망이 무산되지 않는다는 확신으로 끝맺어 절대적 신뢰심을 돋보이게 한다.

5. 종교적 가르침

전체가 56절수밖에 되지 않지만 풍부한 영적 보화를 간직한 하바꾹서는 유다 왕국에 대한 역사적 현실을 예언자적 안목에서 명상시켜 준다. 세계의 역사적 사건 안에서 하느님의 정의로움이 과연 어디에 있느냐 하는 현인의 질문(욥처럼)을 던져 세계 열강이 저지르는 만행을 고발하는 가운데 불의를 자행하는 자들의 양심을 찔러주고 있다. 공평하게 세상을 다스리시는 하느님은 현재 열강처럼 보이는 모든 힘의 만행을 거슬러 결코 길지 못할 것이라는 경고를 분명히 하신다. 따라서 의로운 자는 진리를 따라 끝까지 항구하라 하신다.

특히 신앙의 절대적 가치와 구원하시고자 하시는 하느님의 의지를 알아듣고 실행하는 길만이 구원의 유일무이한 길임을 사도 바울로를 통해 하바꾹의 심오함을 깨닫게 하면서(갈라 3,11; 로마 1,17; 히브 10,38) 우리와 대화를 나누시고자 하시는 하느님을 만나게 한다.

이렇게 일상에서 일어나는 일들 가운데 우리의 가슴으로는 도저히 이해할 수 없는 일들이 예나 지금이나 자행되게 마련이라는 것을 다시 한번 감지하면서 의로운 자는 자기 뿌리가 진리에 내려져 있기 때문에 결코 힘을 이용하지 않고 자신의 한계를 인정한다는 교훈을 받게 된다. 오늘도 외치고 있는 저 하바꾹의 절규에 내가 마음과 몸으로 받아들이고 또한 네가 그것으로 흠뻑 젖는다면 이런 불신을 넘어 불안의 세태는 조성되지 않을 텐데 ….

IV. 바빌론 유배 시대
(기원전 6세기)의 예언자들

예언자 예레미야의 몸바친 충언까지 거절한 우매한 지도자들의 이기적인 정책 때문에 유다 왕국의 백성들은 나라를 잃고 만다. 예언자의 예언대로 기원전 597년 바빌론의 느부갓네살은 지도층과 장인들을 모조리 끌고가 정신적 유산을 말살시키려 했다. 이어서 587년에는 예루살렘 도성과 성전을 쓸어버리고 온 백성을 포로로 끌고 가자 느부갓네살은 유다인들에게는 원수의 표상처럼 여겨진다. 그러나 그는 고대 근동사에서는 유능한 전략가이며 출중한 지도자로서 바빌론을 고대 세계에서 예술적·문화적·지적 생활의 중심지로 만들었던 장본인이기도 하다.

유다 민족은 망국의 한을 삼키면서 바빌론의 유프라테스 강 유역에서 정착한다. 평원에 급수를 공급하는 그발(Chebar) 운하 가까이 있는 델아비브(Tel-abib) 등지에 여러 부락을 이루어 가면서 노역과 갖가지 일에 종사했다. 그러나 이때는 에집트에서처럼 노예생활은 아니었으며, 회당(Synagogue)을 중심으로 자기들의 종교적 공동생활을 율법학자를 주축으로 이뤄나갔다. 그들은 유배의 고달픈 여정에서 1,300여 년 동안의 역사적 유산을 되새기는 계기를 마련하게 되면서 모든 것을 깡그리 잃어버렸지만 정신적 유산을 되찾기 위한 작업을 시작한다. 이것이 바로 모세오경 전승에서 말하는 사제계 사료(Priest-Codex)가 된다.

이 유배지에서도 하느님은 예언자를 일으키시어 종교의식을 일깨우고 선민이 유배당하고 있는 이유와 하느님이 무엇을 원하시는지를 깨우쳐 주고자 하신다. 그런데 이들이 바빌론에서 실향민으로서 겪는 한(限)은 바로 하느님 백성이 회심하는 길목에서 필요불가결한 노정이었으며, 이런 굴절을 모르면 바빌론 유배생활의 의의를 발견할 수 없게 된다. 이제 주 하느님께서 당신 백성을 회심에로 초대하기 위해 뼈를 깎아내는 사랑의 매질을 유배지의 예언자 에제키엘과 제2 이사야를 통해 어떻게 이끌어가시는지를 더듬어 보게 될 것이다.

에제키엘서

1. 역사적 배경 및 개요

대예언자 중의 한 사람인 에제키엘이 불림을 받던 때는 유대 민족으로서는 가장 혹독한 시련의 시기라 할 수 있는 유배 기간 중이었다. 그 당시(기원전 612~539)의 국제 정세는 제국의 교체가 있을 때였다. 아시리아 제국의 멸망(1300~612)과 함께 신 바빌론 제국의 성쇠(605~539)에 따른 페르샤 제국의 발흥(539~333)을 역사는 말한다.

605년, 근동의 주역은 바빌론의 젊은 장군 느부갓네살이었으며 그는 비옥한 반달 지대 전역을 거쳐 에집트에 이르는 중동 세계의 대부분을 차지하여 그 권력의 소리가 천하에 포효했다. 이때 유대인들은 친 에집트파와 친 바빌론파로 갈려 내적 파벌과 외세의 침입에 위협받아 나라의 뿌리가 와해되고 만다. 두 차례에 걸친(1차 597, 2차 587) 밧줄로 묶인 포로 행렬은 죽음의 행군 바로 그것이었다. 선민 이스라엘은 우상의 도시 바빌론에 버려진 채 온갖 잡동사니의 도전을 받아야 했다. 따라서 야훼 유일신앙에도 큰 위협이 초래되면서 그들은 도시의 건설공사나 지주들의 손아귀에서 노동으로 목숨을 연명해야만 했다.

이렇게 정신적·육체적으로 허허벌판에 버려진 채 희망의 빛이라곤 한 톨 없어 보이는 위기에 인간과 같지 않으시고 약속에 성실하신 하느님은 예언자 에제키엘의 소리로 동포들에게 희망

을 던지셨다. 에제키엘은 포로민 가운데 위로와 영적 조언을 주
는 구심점이 되면서 그 예언서는 다시 본국으로 복구될 희망을
그림그리듯 생생하게 묘사한다. 하느님께서 당신 친히 택하신
백성들을 통해 온 인류를 축복하시려는 구원의지를 에제키엘 안
에서 생생히 묘사해 주고 있다 하겠다.

2. 인물과 생애

에제키엘은 사제 가문에 속하며 부지(Buzi)의 아들로서 여호야
긴 왕과 함께 첫번째 포로로 잡혀서 바빌론으로 끌려간 유다의
지도급 인사 중의 하나다(1,1-3).

그는 포로로 잡혀간 지 5년째 되던 해 30세에 "그발" 강가에
서 현시중에 야훼께 불림을 받았다. 처음에는 마지못해 하느님
의 명령에 응한다. "구슬프게 울부짖으며 엮어내는 상여소리"가
기록되어 있는 두루마리를 받아먹어야 할 때는 매우 주춤거렸지
만 그 명령에 복종하여 먹고 보니 "꿀처럼 입에 달았다"(3,3)고
고백한다. 이로서 야훼께 억세게 사로잡힌 몸이 되어 이스라엘
을 지키는 파수꾼으로 임명받고(3,17) 시작한 그의 예언활동은
포로민과 팔레스티나에 남은 동포들을 대상으로 활약했다.

에제키엘이란 히브리어로 "하느님께서 강하게 하신다"는 의미
를 가지고 있듯이 포로민의 힘이 되어줄 뿐만 아니라 팔레스티
나에 남은 동포들에게도 예언을 했다. 이는 그가 예언활동을 하
는 동안 두 지역을 오가며 활동한 것이라고 보기보다는 몸은 비
록 바빌론에 있다 해도 하느님께 들어올림을 받아 두 공간을 극
복하였다고 보는 것이 통설이다. 예언활동을 사랑한 그는 혼신

을 다해 활약한 행동의 사나이였다. 그의 극적인 행동이나 일반 상식으로는 도저히 이해할 수 없는 환상중의 선포는 일반 범주를 벗어난 행동들이었기 때문에 동포들로부터 가장 많이 오해받은 인물이기도 하다.

그러나 예언자의 이런 극적이면서 상징적인 행동은 선민사상에 중독되어 안일한 구원관으로 희락하는 낙관주의자들이나 절망에 빠져 무력해진 사람들에게 대단히 강한 인상을 주었다. 그는 유별나게 많은 상징행동을 통하여 동포들의 눈길을 끈 다음 그들이 그 뜻이 무엇이냐고 물어올 때 행동 뒤에 숨은 하느님의 메시지를 전달했던 것이다.

그는 결혼했으나 예루살렘이 망하던 해(587)에 사랑하는 아내를 잃었으며(24,15-19) 그 자녀에 대해서는 알려진 바 없다. 사제 가문에서 출생한 그는 예레미야와는 달리 사제직을 봉직한 것으로 추정되는데, 통일 왕국 시대 솔로몬의 형 아도니야가 에비아달 사제와 합세하여 반란을 일으킨 반면 사제 사독은 나단 예언자와 함께 솔로몬을 지지했다. 따라서 에비아달 사제는 아나돗으로 유배갔고 그 후손 중의 하나가 바로 예레미야이며 예루살렘에 사제로 남아 있던 사독 가문의 후손 중의 하나가 에제키엘이었다(1열왕 1-2장). 따라서 예레미야의 작품이 신명기적 사조에 속한다면 에제키엘의 작품은 사제적 사조에 그 뿌리를 내리고 있다.

에제키엘은 불림을 받고 20여 년간 예언활동을 하다가 571년(29,17)경 그 활동이 끝난 것으로 보는데, 그의 최후에 대해서 잘 알려진 바 없으나 유다 전승에 의하면 참 하느님께 대한 신앙을 저버린 이교도가 된 자기 동포를 견책하다가 그 반역자의 손에 살해되었다고 전해진다.

3. 문 체

에제키엘서의 문체와 사상: 성법전(레위 17-26장) 부분과 많이 닮고 있어 그 문체로서도 그가 사제로서 예언자의 소명을 받고 있음을 짐작할 수 있게 한다. 그는 비전(Vision)의 전문가로 불린 만큼 하느님의 현존을 체험할 수 있는 민감한 감성을 지닌 신비가였기에 예언서 전체를 통해 예술적인 기질을 보여주면서 또한 면밀한 조직성까지 엿보게 한다. 예언자의 이러한 성향은 자신도 감당하기 어려운 "하느님의 말씀"을 진하게 표현함으로써 그 말씀을 성취시켜 나가는 추진력과 투지력을 함께 보여줄 수 있다고 본다.

그런데 그의 문학적 기법은 다양한 상징적 행동이나 우의(寓意)를 통해 전달하고자 하는 풍요로움에 비해 지나칠 정도로 단조로우면서도 어두운 감마저 저변에 깔고 있어, 이사야의 투명함 속에 비추는 강한 인상이나 예레미야의 따뜻함에 묻어나는 감동적인 섬세함에 비교가 안될 만큼 단순하고 소박함을 풍기고 있다. 그러나 에제키엘의 조화된 예술적인 문체는 하느님의 신비(神秘) 앞에 인간이 느끼게 되는 경이롭도록 순수한 천상적 분위기를 충분히 맛보게 한다.

4. 주요 사상

선임 예언자들이 보여준 전통적 주제인 선민 이스라엘에 대한 하느님의 각별한 사랑(16,23)과 누구라도(이교 민족이라도) 죄를 범하면 그에 마땅한 응징을 받으며(25-32장), 우주 만물의 창조주 외에 다른 신(神)이 없거늘 우매하게도 우상숭배에 빠져

흐느적거릴 때 그 몰골이 어떠하리라는 것들에 대해서 재삼 천명하고 있다 하겠다.

에제키엘 특유의 주제는 하느님은 당신 영광을 위해 행동하시는 분으로서 과거 이스라엘 백성과 맺은 약속 때문이 아니라 하느님으로서 하신 품위 때문에 당신의 명예를 걸고 그 약속을 이행하신다고 확인하신다(20). 따라서 새 계약에 대한 약속은 백성이 회개한 상급이 아니라 하느님 본연에서 흘러나오는 거저 하사하는 "은총"임이 강조되어 나온다. 그리고 인과응보에 대한 사상도 선임자들이 말하는 연대성을 탈피하여 개인의 차원에서 그 책임을 강조하고 있다. 따라서 죽음 후의 사후세계에 대한 깊은 사색으로 이끌어가는 면이 찰나적 삶에 자기를 맡기고 사는 소비성향의 현대인에게 또 다른 차원을 열어주고 있다 하겠다.

또한 그의 사제로서의 특색이 성전을 사랑하는 애틋함에서 두드러지면서 공적 예배를 강조한다. 따라서 법과 윤리 문제에 대한 관심을 높이면서 윤리적 판단은 결의론적 성격을 띤다.

에제키엘은 하느님의 현존은 돌로 만든 인위적인 것에 결코 제한받을 수 없다는 것을 강조하면서, 사랑의 진수는 인간의 내심에 있으므로 오늘의 이기주의적 성향을 꾸짖어 돌 같은 심장을 끄집어 내고 살같이 부드러운 심장을 주실 수 있는 하느님의 사랑을 다시 새기게 한다. 따라서 하느님의 은총은 인간으로 하여금 심연으로부터 뉘우치게 하는 신비로운 힘이 있음을 강조하는 속에 "은총신학"의 기반을 놓아 요한 사도와 바울로 사도의 영성의 길을 터주었다 하겠다.

그리고 거룩한 것과 속된 것을 엄격히 분리하여 종교의식의 진정한 규범을 선명히 그어 유다이즘의 아버지로 불리기도 한다. 그러나 예수님이 질타한 율법주의적 바리사이파들의 시조는 결코 아니라고 본다.

나아가 다니엘서를 비롯하여 신약의 묵시록에 영향을 주고 있어 묵시문학의 시조라고도 불린다. 이렇게 그는 예레미야와 함께 신약 시대의 종교를 준비한 순백하고 고매한 영성의 대가이기도 하다.

이상으로 보았을 때 에제키엘서는 이사야서와 예레미야서와 함께 인간을 구원하시고자 하는 자비로우신 하느님의 구원 역사에 나타난 아버지 하느님의 활동과 그 의미를 이해시켜 주는 기본적인 책이기도 하다. 에제키엘이 예언한 구체적인 "착한 목자상"(34장)은 요한이 들려주는 착한 목자인(요한 10장) 예수 그리스도로 드러나면서 여기서 영성적 예배에 대한 확인은 예수님께서 친히 해주고 계시다(요한 4,23). 이렇게 에제키엘은 새로운 다윗에 대한 관심을 드높이어 우리 주님의 오심을 성큼 앞당겨주는 인물이기도 하다.

5. 구 조

에제키엘서는 예레미야서와는 달리 구성이 대단히 질서정연하다. 그런데 속사정을 접하고 보면 많은 혼선이 야기됨을 볼 수 있는데 이는 그의 제자들이 스승의 어록을 편집하는 중에 스승의 말씀과 사상을 충분히 반영하면서 어느 정도 개작하고 보충했다는 추정을 낳게 해준다.

내용상으로나 연대상으로 상당히 체계있게 정리된 본 예언서는 다섯 부분으로 구분할 수 있다.

서론 제1부: 1-3장은 예언자가 소명받는 장들이다.

제2부: ① 4-24장은 본론을 여는 장들로 예루살렘이 포위되기 이전에 하느님께서 내린 심판의 경고이다.

② 25-32장은 죄악을 공모하는 모든 민족을 향한 경고와 위협으로 이 부분까지를 심판 예언이라 부른다.

제3부: ① 33-39장은 예루살렘이 함락된 후 이스라엘에 좀더 나은 미래를 조망케 하여 희망과 기대가 모아진다.

② 40-48장은 팔레스티나에 장차 세워질 공동체의 정치적·종교적 구조를 미리 구상하는 내용을 담고 있어 제3부에서 여기까지는 구원의 복구가 조명되어 기다림의 의미를 밝혀주고 있다.

서 론	본 론			
제1부	제2부: 심판		제3부: 복구	
1-3장	4-24장	25-32장	33-39장	40-48장
예언자의 소명	유배 전 이스라엘에 내린 질책, 위협	이방인에 대한 신탁	예루살렘의 파괴 함락 위협 신탁	구 원

6. 주요 내용

서론 제1부: 예언자의 소명설화(1-3장)

에제키엘은 자신이 예언자로 불림받은 첫번째 현시를 들려주는 가운데 야훼의 말씀을 전해야 하는 책임과 임무를 깨닫는다. 그는 야훼의 말씀을 전달받아야 할 그의 청중이 얼마나 완고한 마음을 가졌는지를 알기에 그들의 돌덩이 같은 마음을 깨우쳐 말씀의 참 의미에 귀기울일 수 있도록 이제 전력을 다할 것이다. 그의 소명사화는 이상할 만큼 자세하다. 여기에 나타난 소명체험은 엄위롭게 영광의 옥좌에 앉으신 하느님의 신비를 체험한 이사야를 상기시키는가 하면, 온 백성을 거슬러 요새처럼 버티고 있어야 하는 예레미야의 고난의 분위기가 함께 어우러져 나오고 있다.

에제키엘은 여호야긴 왕과 함께 사로잡혀 온 지 오 년째 되는 날 삼십 년 되던 해에(모호하나 예언자가 소명받을 때의 나이로 본다) 신비스런 광경을 보는 것에서부터 그의 소명 이야기를 들려준다.

북으로부터 폭풍이 몰아치는 속에 이상한 짐승 넷을 보고 그 짐승들 한가운데 활활 타는 횃불이 이글거리고 있다. 그 옆에 네 개의 바퀴가 있으며 그 가운데 활활 타는 화로 위에 청옥 같은 옥좌가 있고 그 옥좌 위에 사람 같은 모습을 본다. 옥좌 위의 형태는 분명하지 않아 종잡을 수 없지만 찬란한 광채에 싸인 그 모습에 예언자는 넋을 잃고 읊조린다. 그 분위기는 절대자의 힘에 의해 끊임없이 움직이면서 조화를 이루어 나가고 있으며 황홀한 현시 안에서 영광에 싸인 하느님을 뵈옵자 그 거룩하심에 압도되어 꿇어 경배할 때 말소리가 들려왔다(1장).

하느님의 영광과 존엄하심을 대단히 인상깊게 묘사하는 상징적인 이 소명환시는 예루살렘 성전의 사제로서 알게 된 제관계 전승에 따른 신학이 밑받침되어 있다고 본다. 야훼는 성전의 지성소에 앉으시고 거룹(천사)들이 그 어좌를 보호하듯이 날개를 펴고 있다는 것을 염두에 두고 묘사하고 있으며, 또한 무의식중에 바빌론의 종교적인 표상들에 영향받은 것을 유념했기에 유배민들에게 주는 가르침이 깊다 하겠다.

유배민들은 지금까지 자신들이 섬겨 온 야훼의 능력이 자기 영토 외에서는 무력하다고 여겼기에 바빌론에 산재한 일개 지방신(地方神)에 불과하다는 개념을 가지고 있음을 은근히 배격한다.

하느님은 결코 팔레스티나, 그것도 예루살렘 성전에만 매여 계시는 분이 아니다. 이교 지역인 유배지까지도 찾아오시어 만민을 다스리시는 하느님의 역사적 보편성을 드러내주고 있다 하겠다. 나아가 정복자들이 섬기는 신(神)들에 감히 비유될 수 없는 분이시기에 일월성신(日月星辰)으로 묘사한 거룹보다 더 높은 바퀴 위의 보좌에 앉으시어 바빌론 사람들이 신으로 섬겼던 이 모두는 이스라엘 하느님의 지배를 받는 피조물일 따름임을 암시해 주고 있다. 이렇게 버림받아 내팽개쳐진 신세를 한탄만 하고 있는 유배민들에게 에제키엘을 통해 희망을 점화시키는 분이 오늘의 나에게는 얼마만큼 실제적으로 다가와 계실까?

2장에서 소명체험이 계속되고 있다. 하느님의 성성(聖性)에 압도되어 읊조리고 있는 예언자 앞에 "너 사람아, 일어서라. 내가 너에게 할말이 있다"(1절) 하시면서 기운을 불어넣으신 하느님께서는 오늘날까지 반항만 하는 낯가죽이 두꺼운 무리에게 하느님의 사람을 보내신다. 그들이 말씀에 순응하든지 아니하든지 간에 하느님의 대변자가 그들 가운데 있음을 명확히 일러주신 것이다.

그런 중에 하느님의 말씀이 담긴 두루마리를 받아 먹으라는 명령이 있자 재앙과 슬픔과 통곡의 말이 기록되어 있는(2,9-10) 암울함이 예언자의 입으로 삼켜진다. 그러자 상여소리는 오히려 입에 꿀처럼 달고(3,1-3) 이제 예언자는 야훼의 말씀에 사로잡혀 이스라엘의 파수꾼으로(3,16-21) 지명된다.

결론적으로 에제키엘은 유배온 자들의 정신적 타락과 파멸을 막아야 할 소명을 받고 의로운 자와 악한 자의 구별이 뚜렷해지는 속에 메시지를 거부하는 우매한 자에 대한 책임은 더 이상 지지 않으신다는 경고가 함께 따른다. 야훼께서는 이스라엘이 감히 생각지도 못한 능력의 하느님이심을 다시 확인시키신다. 불모의 땅 유배지에서도 본격적으로 예언자를 일으키시어 쇠가죽을 뒤집어 쓴 뻔뻔스런 상판에 대응할 예언자를 무장시키시어 당신만이 참 하느님이심을 드러내실 뿐만 아니라 하느님은 항상 그들과 함께 계심을 증명하신다.

본론 제2부: 심판 신탁(4,1 - 32,32)

① 유배 전에 이스라엘에 내린 경고(4,1 - 24,27): 예루살렘이 함락되기 전인 기원전 593년부터 587년까지의 설교로 유다와 예루살렘에 관한 심판 신탁이다. 이스라엘은 야훼의 심오함을 단숨에 다 깨우치지 못한다. 망국의 설움을 삼키는 연륜 속에서 생활의 체험을 통해 하나를 깨닫고 둘을 익혀나간다.

예언자는 시종일관 백성들이 과거 저질렀고 지금도 저지르고 있는 수없이 추한 만행을 들먹이면서 그들에게 내릴 야훼의 의노는 세상 그 어느 것도 당해 낼 수 없을 것이란다.

4-5장은 괴상한 상징행동을 통해 예루살렘이 포위되고(4,1-13) 식량의 절대 부족으로 오는 한정된 배급량은 굶주림에 허덕이는 양상이 생생하다. 나아가 온갖 걱정이 몰려와 안일했던 생활은 메어침을 당한다(4장).

칼로 머리를 깎아 세 부분으로 나눈 행위는(5장) 예루살렘 백성에게 내리칠 세 가지 운명을 그리고 있다. 하느님은 열국이 보는 앞에서 선민의 죄악을 심판하시어 그 참상과 이산의 고통이 얼마나 쓰라릴 것인지를 묘사한다.

6-7장은 앞단락과 연결되는 부분으로 지금까지 보여준 무언극의 의미를 산문체로 설명하면서, 특히 7장에서 동서남북 어디에서나 끝장이다라는 선고가 뇌리를 강타하니 끝점이 눈앞에 다가와 있음을 실감시키고 있다.

8-11장은 592년에 에제키엘이 환시중에 들어올림을 받아 예루살렘의 가증스런 죄악을 목격한다. 거룩하신 야훼께서 머무신 성전에 온갖 우상이 세워져 있고 이를 향해 경배하는 무리의 추잡한 만행이 야훼로 하여금 그 패역한 곳을 떠나시게 하는 부분이다. 하느님의 영광이 자리잡고 계시던 거룹에서 떠올라 성전 문턱으로 나오신다(9,3).

이어서 야훼의 명령이 내린다. 죄악의 도성에서 일어나는 것들이 역겨워 우는 무리의 이마 위에는 특별한 표시를 하고 나머지는 남녀노소 불문하고 가엾게 여길 것 없이 마구 치라 하시니 성전과 온 성안은 피바다를 이룬다. 그들은 야훼가 돌보지 않는다고 하면서 온 나라 안에 유혈 참극을 벌리고 부정부패로 도시를 채운 처사는 결코 그저 넘어가지 않으리라는 판결이 온 땅을 진동한다.

그러나 이 섬멸하시려는 야훼의 의노 앞에 에제키엘이 목놓아 호소한다. 그러자 야훼께서는 그들의 마음에 박힌 돌 심장을 제거하고 피가 통하는 살 심장으로 바꾸어 당신의 규정을 따르는 백성의 무리로 만들겠지만 구역질나는 우상에 마음을 뺏긴 무리들은 반드시 그 소행대로 갚으시리라 하신다. 이제 야훼의 영광은 죄악의 도성으로부터 더 이상 머무르실 수 없어 성전 문지방을 지나 차츰차츰 떠나기 시작한다(10,4).

마지막으로 당신 이름을 심었던 그 도시에 작별을 고하는 듯 예루살렘 동쪽 올리브 산 위에 다시 멈춘다(11,22-23). 이 장면은 구원을 가져다주신 주 예수님께서 패역한 도성을 바라보시면서 비통해하시던 그 절박감을 떠올리게 한다(마태 23,37-39). 예루살렘이 거룩하신 하느님께서 현존하시기에는 너무나 타락했기에 하느님께서 그 자리를 떠나셨다면, 예수님을 모시는 나의 마음은 과연 예루살렘 시민이 저질렀던 불신앙의 요소 없이 떳떳하다 할 수 있을까?

12-24장은 예루살렘과 유다인들의 죄악을 심판하는 거대한 경고집이다.

성한 귀와 눈을 가지고 있으면서도 올바로 듣지도 보지도 못하는 유배자들의 그릇된 사상을 꼬집는 이 부분은 예언자의 상징적 행동으로 시작된다. 에제키엘은 예루살렘 성벽에 구멍을 뚫고 괴나리봇짐을 꾸려 백성들이 보는 앞에서 도망하여 어둠 속으로 사라지는 괴상한 행위를 한다. 이를 보고 그 의미를 묻는 그들에게 앞으로 너희들도 이와같이 비참한 신세로 도망할 것이라 한다(12,1-17). 그리고 두려움과 공포에 떨면서 먹는 행위 또한 이상야릇하기만 하다. 이는 허황된 환상에 빠진 자들에게 주는 경고다. 이제 예루살렘에 내릴 하느님의 벌은 결코 지연될 수 없는 것으로 묘사된다(12,17-28).

13장은 제멋대로 지껄이면서 예언자로 자처하는 거짓 예언자를 향한 비수다. 무너진 성벽을 고칠 생각도 없이 야훼가 거동하시는 날 전쟁에 대비할 채비 하나 없이 백성들은 버려둔 채 야훼의 말만 사칭하는 여우 같은 것들, 야훼는 결코 그들을 용서치 않을 것이며 성벽이 무너져 그 틈에 깔려 압사당할 못된 행위만을 일삼는 그들의 말로를 소상히 묘사한다(1-16절).

나아가 악한 무리를 도와 거짓 예언을 하는 부녀자들을 친다. 이제 더 이상 허황된 환상이나 속임수로 점을 치지 못하게 하여 야훼만이 하느님이심을 알리고 말 것이라 하신다(17-23절).

야훼는 에제키엘을 통해 참 예언자와 거짓 예언자를 알아보도록 하신다. 거짓 예언자는 자기 말만 하면서도 하느님의 이름을 사칭하는 자들이지만, 참 예언자는 하느님의 말만 전언한다고 명확히 구분지어 그리스도인들이 가진 예언직에 대한 사명을 다시 점검하게 하여 말씀의 삶에 성실을 다하게 한다. 이는 우리가 삶의 현장에서 당면하는 갖가지 문제점에서 참과 거짓을 숙고하게 하는 장으로 인간 내면에 도사리고 있는 거짓 예언직 요소에 대해서는 언제나 경고하게 하고 있다.

14장에서는 스스로를 죄짓게 하는 올가미밖에 생각하지 않는 우상숭배자들에게 눈길을 돌리고 있다. 그들은 입시울로는 야훼의 전에 나오나 마음은 잡신들로 가득 채워 예언자의 말을 들으려 한들(4절) 그 완고한 마음에 참이 들어갈 여백이 없다. 이는 자기의 목적을 위해 하느님을 방편으로 삼는 무리에 대한 엄포다. 겉꾸미는 신앙인들의 이중성을 찔러 우리의 진정한 중심을 하느님께 두어야 함을 일깨우고 있다(1-11절). 하느님의 가르침 안에 내 존재가 피어날 때 따라오는 행복의 극치여!

14,12-23은 노아, 다니엘 같은 의인들이 있기 때문에 잘못을 저질러도 구원을 받을 수 있다고 생각하는 안일 무사주의에 사로잡힌 자들을 향하여 또 엄포가 날아든다. 내 잘못에 대한 책임은 내가 질 뿐만 아니라 나아가 아무도 공동체가 받아야 할 벌에서 제외될 수 없다. 따라서 상호 공동체의 삶이 얼마나 소

중한가를 일깨워 나의 삶을 남이 살아줄 수 없는 범주를 선명히 하여 하느님과 각 개인의 인격적인 만남을 서서히 밝혀나간다. 이제 야훼의 예루살렘에 대한 심판과 그 모든 일을 아무런 이유도 없이 행하신 것이 아니라고 지적하면서 버릴 수밖에 없는 포도넝쿨처럼 무가치한 것이 되어버린 당신 백성의 처지를 한탄하여 애간장을 녹인다(15장).

그야말로 유별난 것도 없는 이스라엘로 묘사된 포도나무는 시나이 계약으로 하느님께서 무상으로 감싼 그 사랑마저 마다한 배반행위로 결국 심판을 지연시킬 수 없는 화를 자초하여 자승자박의 길을 선택했다고 특별한 양상으로 강조한다.

16-24장은 예언자가 과거를 회상하여 묘사한 것으로 이스라엘 전체의 역사를 다시 보면서, 특히 16·20·23장에서 수세기를 통한 역사적 반성을 시도하고 있다.

16장에서 부끄러운 과거를 지닌 이스라엘이라는 비유로 호세아가 이스라엘을 부정한 아내에 비유한 것을 더 기교를 부려 긴 여정 동안 배어나온 이스라엘의 불신앙의 역사를 소상히 밝힌다. 하느님 편에서는 각별한 총애로 저들을 가슴에 품었지만 저들은 불성실과 배은으로 일관했고, 특히 우상숭배를 간음에 비유하여 이스라엘의 치부는 겨울나무처럼 드러난다(1-34절). 이어서 반드시 수치를 당하고 말리라는 응징이 매섭다(35-52절).

그러나 네가 맹세를 하찮게 여겨 계약을 파기했지만 "나는 네가 처녀였을 때 너와 약혼했던 것을 생각하고 너와 영원히 끊을 수 없는 계약을 맺으리라"(60절)는 하느님의 무한하심과 인간의 불성실이 대조되면서 그분의 사랑이 광채를 발하는 가운데 새 계약사상이 두드러진다(53-63절).

17장은 역사적 배경을 깔고서 묘사되어 있다. 강대국을 독수리에 비유하고 송백 끝에 난 순을 여호야긴에, 새로 난 종자를 유다의 마지막 왕(王) 시드키야에 비유하면서 유다가 신하된 위치에서 바빌론과의 서약을 깨뜨린 때문에 시드키야 때 예루살렘이 함락되는 처절한 상황이 은유법으로 묘사되어 있다. 예레미야가 유다의 마지막을 절박감에 싸여 묘사했던 것처럼 에제키엘도 여기에 대하여 긴장감을 고조시키면서 정확히 그리고 있다. 그러면서 마지막 절(22-24절)에 가서는 회복의 약속이 숨겨져 있다. 그날에는 메시아와 그 보편적 왕국 아래 모든 것이 깃들 것이라는 위안이 담겨져 나온다.

18장은 에제키엘 신학의 특성이 배어나는 의미깊은 장이다. 여기서 14장의 "책임은 개인에 있다"는 사상을 더 깊이 다루어 그 당시에는 풀기 어려운 수수께끼였지만 그들의 사상에서 한 차원 도약하는 부분이기도 하다. 예레미야와 에제키엘 시대에는 특히 무죄한 사람이 받는 고통이 하나의 큰 쟁점으로 부각되었다. 그런데 이 문제는 오늘 우리의 세대에도 여전히 의문으로 남아 있지 않은가! 지금도 간헐적으로 일어나고 있는 전쟁의 포성 속에 무죄한 자들이 역사의 희생물이 되고 있다. "하느님이 진정 정의롭다면 왜 이러한 끔찍스러움이 일어나는가?"라는 의문들 앞에 의인이 받는 고통은 신앙의 차원 안에서만 그 해명이 가능하다는 지평이 보인다. 이것이 바로 예수 그리스도의 삶이 우리에게 던져주는 의미인 것이다. "아비가 설익은 포도를 먹으면 아이들의 이가 시큼해진다"(2절)는 잠언을 통해 조상들의 죄 때문에 지금의 고통을 겪고 있다는 저들의 그릇된 생각을 에제키엘은 깨우쳐 준다. 그는 야훼가 부당하다고 반항하는 철면피들을 향하여 하느님의 정의를 수호하여 나선다. 그런데 실제로 에제키엘 시대에는 목을 옭죄는 숙명적인 상황이었음을 부정할 수는 없다. 그러나 그는 이런 숙명적인 분위기를 바꾸려고 무진 애를 쓴다(25-29절). 인간편에서는 이런 부조리를 보고 "어찌 선하신 하느님께서 이런 끔찍함을 허락하셨을까?" 하고 체념하는 태도를 버려야 한다고 외친다.

이것은 아비의 잘못이 아들에게 전수되는 것이 아니라 각자가 자신의 운명에 대해서 책임이 있다고 강조하여 인간은 유전과 환경 그리고 역사적 산물의 꼭두각시가 결코 될 수 없다고 피력한다. 우리 모두는 하느님과 인격적인 만남을 통해 그분과 사귀고 있다고 전언한다.

그런데 에제키엘은 여기서 개인의 책임문제를 가지고 고통의 문제를 해결하려는 것이 아니고, 고통은 회심과 신앙의 기틀을 마련한다고 주장한다. 그러나 임박한 심판 앞에서도 마음이 완고한 백성을 보신 하느님께서는 "너희가 죽다니 될 말이냐, 죽을 죄를 지은 사람이라도 사람이 죽는 것은 나에게 언짢다. 주 야훼가 하는 말이다. 살려느냐? 마음을 고쳐라"(32절)는 애소 속에 하느님은 사람을 벌주고 단죄하는 것을 언짢아하시고 오히려 당신 자녀들이 기쁨과 행복을 누리는 것을 원하시고 기뻐하신다는 가르침을 명쾌히 밝히기도 한다.

19장에서는 마지막 왕들의 운명을 깊이 애곡하고 20장에서는 여전히 이스라엘의 역사를 하느님 친히 주관하시어 당신의 명예를 계속 지키심을 역력히 보여준다.

21장에서 이제 죄악이 짙을대로 짙어 예루살렘의 종말이 촌각을 다툰다는 묘사 속에 놀라울 만큼 넓고도 심오한 역사적 견해를 밝히고 있다. 서슬이 퍼렇게 번뜩이는 칼날이 종횡무진할 때 혼비백산하여 비틀비틀 쓰러지는 심판의 현장이 가일층 농축되어 나타난다.

이어오는 22장은 예루살렘은 자신들이 지은 죄 때문에 가차없이 피흘린 도성이 되며 그 현장의 죄목이 조목조목 부끄럽다. 이제 예루살렘과 사마리아가 "오홀리바와 오홀라" 자매로 불리는 가운데 창녀짓에 비유한 우상숭배의 역겨움이 낯붉히게 하여 이 두 음녀의 행위에 대한 귀결은 뻔하다(23장). 예루살렘은 이제 녹슨 솥으로 묘사되어 선민의 신세는 하느님 앞에 찌꺼기가 되었다는 그 한탄이 가슴에 멍울진다(24장).

상징으로 시작했던 본 단락이 상징으로 끝을 맺고 있다(12-14절). 예언자는 사랑하는 아내의 죽음 앞에서도 애도하지 말라는 명을 받고 있다. 이는 예루살렘의 파멸을 보고도 마음이 무디어진 백성들이 아픔마저 상실한 채 비극을 비극으로 받아들일 수 없는 상황을 그려 그 답답함이 밀도있게 전해진다(24, 15-26).

이상으로 에제키엘은 자신의 설교활동 제1기에서 동포들의 회심에 전력을 다했다. 하느님께로의 회심은 신앙의 눈을 열어 더 풍요로운 삶을 준다는 확신이 있는데, 오늘도 에제키엘을 통한 하느님의 손짓을 허공에만 맴돌게 해서야 되겠는가!

② **이방인에 대한 신탁(25-32장)**: 이방 민족이라도 정도(正道)를 걷지 않을 때는 야훼의 손안에서 응징을 받는다. 이와 같이 이스라엘의 전통적 가르침을 드러내면서 다른 예언자들에게서 볼 수 없었던(아모스는 제외) 질서정연함을 나타내는 부분이다. 그는 지리, 역사에 상당한 지식을 가지고 지리상으로 팔레스티나 판도에 유념하여 질서있게 심판 신탁을 전한다.

25장은 동쪽과 서쪽에 인접한 인근 국가를 향한 예언이다. 암몬, 모압, 에돔 그리고 불레셋을 차례로 치고 있다.

그 다음 북으로 올라가 그 당시 새롭게 부각되던 지중해 연안도시 띠로와 시돈을 향한다(26-28장). 이들은 경제 강국이면서 이기적으로 처신하였다. 남방 유다를 대할 때에도 자비심이라고는 티끌만큼도 없이 자기 이권에만 급급하였다. 이는 달면 삼키고 쓰면 뱉어버리는 선진 강대국이 비일비재하게 자행하는 비리를 파헤친 부분이기도 하다. 이들은 현세 부와 지혜에 도취되어 스스로가 만능인 것처럼 착각하고 하느님의 자리를 가로채고 있다.

띠로를 "세상의 더없이 아름다운 배"라고 화려함의 극치로 묘사하다가 그 허망함을 드러낸다. 그 헛된 영화는 이제 흔적도 없이 사라질 것이라는 경고가 잇따른다. 그런데 느부갓네살의 함락작전은 실패로 끝난다. 그는 머리가 다 빠지고 어깨가 다 벗겨지도록 힘을 기울여 보았지만 띠로의 원정에서는 아무런 실효를 거두지 못한다.

따라서 야훼께서는 그 대가로 남방 에집트를 넘겨주겠다고 말씀하신다(29장). 여기서 우리는 예언자의 초기 예언이 때로는 수정될 가능성이 있다는 중요한 암시를 받는다.

29-32장에서는 에집트를 위시한 남방 민족에 대한 심판이 계속된다. 에집트의 교만은 벌받을 충분한 이유가 된다. 모든 민족의 삶의 근원은 창조주에 의해 주어졌는데도 이를 망각하고 제 스스로 존재하는 것처럼 착각하는 것을 식목에 비유하여 예리하게 꼬집어 내고 있다.

제3부: 복구(33,1 - 48,35)

① 예루살렘의 파괴와 함락당한 후의 신탁(33-39장): 지금까지와는 달리 예언자의 언사가 싹 바뀐다. 이는 예루살렘이 함락되던 해인 기원전 587년을 기점으로 그의 예언활동이 절정에 달했다가 이제부터는 위로와 격려로 변하는 것을 감지하게 된다. 그의 예언 언사가 이렇게 뚜렷한 변화를 보이는 이유는 "예루살렘" 패망 전에는 민족주의적 사상에 빠져 결코 예루살렘은 잿더미로 화하지 않을 것이라는 안이한 사상이 팽배했다. 따라서 예언자는 그들이 헛된 환영에서 깨어나게 하려고 경고의 화살을 꽂았다. 그러나 멸망 후 유배당한 신세에 처한 이스라엘 민족은 어디로 보나 죽은 처지였다. 그러므로 예언자는 극도의 절망에 빠져 죽음의 그늘에서 헤어나지 못하고 있는 동포들에게 희망을 준다.

33장은 전반부와 후반부를 잇는 고리 역할을 한다. 이제 예언자는 파수꾼의 책임을 더 의식하면서 메시지를 전달한다(1-9절). 야훼께서 그를 파수꾼으로 내세워 동포들이 경보의 소리를 듣도록 지시하여 말씀을 듣고 따르는 무리와 반역하는 무리를 분명히 분리한다. 파수꾼의 직무에 나타난 전언에는 회개의 요청이 따른다. 그런데 지금까지는 무죄하게 살았다 해도 그릇된 일에 빠진다면 그 벌은 응당 사형에 처해진다. 이런 자가 전에 올바로 산 일 때문에 "상급을 받지 않을까" 하고 기대하는 것은 천부당만부당하다고 가르친다. 그러나 비록 사형선고를 받은 죄인이라도 자기 죄를 청산하고 돌아와 올바로 살기만 한다면 결코 죽지 않을 것이라는 약속을 한다(10-20절).

따라서 이 부분은 하느님과의 관계에서 각 개인의 행위에 대한 책임을 깊이 다루는 18장의 주요점을 새롭게 간추려 준다.

그런데 에제키엘은 하느님의 정의를 수호하는 가운데 인간 이성으로 잘 알아들을 수 없는 것, 즉 악한 사람이 항상 고통당하는 것도 아니고 착한 사람이 항상 복받는 것도 아니라는 것에 명쾌한 답을 주지 못한다. 그런 가운데 예루살렘의 함락을 목격한 자의 증언을 듣는다(21절 이하). 이때 예언자의 입이 새롭게 열리면서 "전에 저지른 모든 잘못을 잊어주겠다"는 하느님의 자비에 매달리라고 동포들을 극진히 위로한다. 그리고 하느님 계획의 심오함을 인간 이성으로 다 깨우치지 못한다고 지적한다. 자비의 하느님께서는 오늘도 에제키엘을 통해 우리를 당신 품에 품으시고자 회개로 초대하고 계시다. 그런데 우리는 자기 과오에 얽매여 죽음의 수렁에서 허우적거리고만 있어야 되겠는가?

34장: 예언자는 절망에 빠진 동포들에게 용기를 주기 위해 심혈을 기울여 거짓 목자상과 참 목자상을 대비시킨다. 유다 말기의 왕들이 백성을 제대로 인도하지 못하여 들짐승에게 마구 찢기게 한 만큼 위정자들에 대한 심판 또한 그에 맞먹는다. 그러나 이제 야훼께서 손수 당신 백성들을 맹수들의 위협으로부터 보호하여 거룩한 산으로 인도할 것이다. 나아가 양과 양 사이의 시비 또한 야훼 손수 가름해 줄 것이다.

35-36장에서는 선민에 대한 구원 약속을 외국 나라 에돔을 심판하는 것과 대조시킨다. 에돔은 이스라엘의 불행을 고소해하고 나아가 그 때를 이용하여 노략질하다가 세일 산 위에서 재난을 받는다. 이웃의 불행을 보고 쾌재를 부르는 그 처사는 괘씸하기 이를 데 없다(35장). 그 행위가 고발당해 마땅하다는 것을 오바디아서 전체가 대변하고 있다.

이에 대조하여 36장에서는 이스라엘의 번영을 위한 준비가 찬란하다. 영원한 도시 예루살렘이 폐허가 된 것을 보신 야훼께서는 분통을 터뜨리신다. 왜냐하면 야훼의 백성이 저 꼴이 되었다고 이방인이 조소함으로써 야훼의 명예가 손상당했기 때문이다. 그래서 이스라엘이 고국에 있을 때 온갖 죄악으로 월경하는 여인처럼 땅을 부정하게 만들었지만 그들을 선택하신 야훼께서는 약속을 하고 파기하곤 하는 인간과 같지 않으시다. 이제 당신의 명예를 회복하기 위해서라도 저 텅 빈 들녘에 새 살을 돋게 하고 죽음의 성읍이 생명으로 약동하게 할 것이다. 따라서 예언자는 이스라엘이 뭔가 잘했기 때문에 그 대가를 받는 것이 아니라 하느님의 선하심과 자비가 이스라엘을 회복시킨다고 선포한다.

그런데 무엇보다도 마음의 회개가 다시 설 수 있는 근본이라고 외친다. "정화수를 끼얹어 너희의 모든 부정을 깨끗이 씻어주리라. 온갖 우상을 섬기는 중에 묻었던 때를 깨끗이 씻어주고 새 마음을 넣어주며 … 나의 기운을 너희에게 넣어주리니, 그리되면 너희는 내가 세워준 규정을 따라 살 수 있고 나에게서 받은 법도를 실천할 수 있게 되리라"(25-27절). 이렇게 마음의 할례로 당신께 다시 돌아오라고 호소하신다. 회개하여 참을 향할 때 하느님의 힘은 그를 더욱 감싸주신다. 우리가 마음에 앙금처럼 쌓아둔 모든 어둠을 하느님 앞에 고백하고 화해할 때 죄악과 불신으로 쌓아올린 바벨탑은 사라질 것이다.

따라서 이 장은 우리의 마음을 새롭게 하는 데 원동력이신 성령의 약속이 희망차게 묘사된 아름다운 서사시이기도 하다.

37장에서는 마른 뼈들이 일어나는 환상으로 36장의 희망을 확신으로 이끈다. 도무지 불가능해 보이는 상황에서 야훼의 손길은 그 모든 것을 가능케 하신다. 따라서 이 장은 본 단락에서 절정을 이루고 있다. 들녘의 마른 짚단처럼 뒹굴고 있던 뼈들이 야훼의 한 말씀으로 서로 붙어 살의 옷을 입는다. 그리고 야훼의 숨으로 생명을 찾아 꿈틀대며 움직인다. 이렇게 마른 뼈들로 비유된 이스라엘이 소생하는 묘사는 "야훼야말로 생명의 주관자이시며 참 하느님이시다"라는 고백을 하게 한다(1-14절). 그리고 두 막대기로 상징되어 나타나는 유다와 이스라엘이 하느님 손안에서 하나로 접합한다(15-28절). 이 새 왕국은 야훼의 종인 다윗의 통치 아래 굳건히 설 것이다. 특히 하느님과 맺을 영원한 새 계약은 예수 그리스도로 말미암아 완성될 구원사업에 대한 예시로 모든 그리스도인들의 소망이 모아진 부분이기도 하다.

38-39장은 대단히 복잡하지만 곡이라는 인물로 묘사된 악의 세력에 내리치는 비난이 묵시문학적 성격으로 나타난다. 이 장들은 완전 붕괴의 상황에 선 이스라엘로 하여금 악과 대결하여 견디게 하려는 데 목적이 있다. 세상 종말까지 악의 세력은 우리를 위협할 것이다. 그러나 여기서 끝까지 살아남을 수 있는 것은 야훼 하느님을 믿고 따르는 무리뿐이다. 그때야말로 이스라엘의 신이 참 하느님임을 알게 되고 하느님의 영광은 드높이 빛날 것이다.

이렇게 악의 세력이 온 세상을 침식해 간다 하여도 하느님의 법도를 따라 사는 자는 반드시 살아남으리라는 묵시문학적 교훈으로 이 단락을 마무리하고 있다. 어둠이 휩쓸고 있는 오늘의 세상에서도 진리와 자유와 정의를 위해 목숨을 바쳐 살 만한 가치는 반드시 있다고 에제키엘은 지금의 우리에게도 힘과 용기를 주고 있다.

② **구원(40-48장)**: 수복된 이상적 사회를 그리는 결론 부분으로 이스라엘이 부활하리라는 위로의 메시지를 담은 33-39장과

연결되나, 성전 재건과 그에 따른 공동체 예배의식을 다루기 때문에 이 부분을 독립시킬 수 있다. 특히 성전이 모든 것의 중심 자리를 차지할 것이라는 주제가 두드러진다. 8-11장에서 이스라엘의 가증스런 행위들 때문에 야훼의 거룩한 얼이 더 이상 머물 수 없었던 성전이 이제 새롭게 단장하여(40-42장) 하느님의 영광이 나타나 성전의 본모습을 되찾는다(43장).

그리고 이 새 성전에서 지킬 모든 규정과 사독 가문의 사제들은 레위인의 보조를 받아 모든 종교문제를 관할해야 한다는 일련의 지시가 따른다(44장).

이어서 땅의 분배는 먼저 야훼께 바칠 거룩한 몫을 떼어놓고 할 것이며, 지도자의 책임은 법과 질서를 옹호하되 항상 백성들의 선익이 우선되어야 한다고 지시한다. 그리고 제물을 준비하여 종교 공동체를 지원해야 할 것이며, 정기 축제일을 지켜야 할 의무에 대하여 소상하다(45-46장).

47장에서는 성전 밑으로부터 생명의 강이 흘러나온다. 여기서 본 단락의 절정에 이른다. 이 강물은 사해로 흘러가 죽음의 곳이 생명의 물로 넘실대는 호수가 되게 할 것이며, 강 양쪽 언덕에는 항상 신선한 과일이 열리는 나무가 무성하게 자랄 것이다. 그리고 엔겐디 지역에서는 어부들이 그물을 쳐 놓고 물고기를 잡을 것이며, 이 물줄기가 흐르는 곳마다 생명으로 넘실거릴 것이다. 마치 창세기의 낙원처럼 여기서도 열매 맺는 나무와 강이 새 시대의 동인(動因)이 된다(1-12절).

이어서 48장에서는 땅의 경계선과 지파간의 분배를 마무리지으면서 그들이 예루살렘 성전에서 함께 봉사함으로 일치를 이룬다. 그런데 새롭게 단장한 예루살렘 도성은 이제 "야훼 삼마"

(야훼 여기 계시다)라는 새 이름으로 불리면서 에제키엘서의 대장정을 마무리한다. 이 마지막 단락을 통해 에제키엘의 제관다운 가르침이 유배중에 움돋았던 유다이즘에 얼마나 깊이 스며들었는지를 엿볼 수 있다.

7. 종교적 가르침

인간은 절망과 어려움에 처할수록 갖가지 유혹에 노출된다. 이스라엘은 죽음의 행군을 하면서 인간의 힘으로는 도저히 제기할 수 없는 상황에 처해 있었다. 이때 에제키엘은 갖가지 상징적 행동으로 하느님이 이교 땅에서도 그들과 항상 함께 계시다는 그분의 뜻을 적재적소에 맞게 전하여 그들에게 힘과 용기를 주었다.

① 인간이 하느님을 떠나 생활할 때 끔찍한 결과가 초래된다.
　이스라엘은 어떤 일이 있어도 "예루살렘 도성"은 무사하리라고 맹신했다. 따라서 도성의 폐허는 그들의 맹신을 무참히 짓밟았으며 하느님이 패배했다는 절망감을 몰고 왔다. 이때 예언자는 이 모든 것은 그들이 하느님을 거역한 대가로 하느님이 내리치는 매라고 알려주었다. 그러나 하느님은 인간이 죽을 죄를 지어도 죽는 것만은 원하지 않으신다. 따라서 회개하여 하느님의 집으로 돌아오리라는 초대로 자비하신 하느님을 무한히 펼쳐 보여주고 있다.

② 시공을 초월하여 계신 하느님은 역사를 주관하신다. 이는 하느님의 우주적 보편성을 발전시킨 것이다.
　하느님은 결코 제한된 어느 한 곳에만 계시는 것이 아니라 온 세상을 주관하시는 분으로서 당신이 창조하신 우주 만물을 계속

보살피신다. 따라서 온 세상은 실재(實在)하시고 현존(現存)해 계시는 하느님께 예배를 드리고 가르침을 받기 위해 어디서나 함께 모일 수 있는 새로운 길을 열어주었다.

③ 하느님은 우리와 인격적인 만남을 통해 당신께로 부르신다.

이제 처벌의 연대성을 강조하던 옛 전승을 부인하고 "죽을 사람은 죄를 지은 장본인이다"(18,20)라는 선언 속에 붕괴되어 가는 계약 공동체를 향하여 살려면 각자의 내적 회심이 우선 조건이라고 선포한다. 이렇게 하여 죄악으로 닫힌 마음에 새로운 장을 마련한다. 특히 인간의 마음으로부터 뉘우침을 강조하여 은총과 용서의 심오함 안에서 죄악으로 바스라진 우리가 재생할 수 있도록 이끈다.

④ 하느님은 생명의 근원이시다.

하느님은 죽음의 도성에 생명수가 흘러넘치게 하시는 자비와 사랑 자체이시다. 이 생명의 자리는 착한 목자의 비유(34장), 성전으로부터 흐르는 강물의 비유(47장), 회복된 도성의 이름(48,35) 안에서 흘러넘치게 묘사되어 나온다.

생명과 죽음, 희망과 절망의 차이는 "주님이 여기 계시다"는 임재와 부재의 차이일 것이다. 우리는 선인이든 악인이든 모두 죽음을 맞는다. 이 잠정적인 죽음 앞에서 영원히 죽을 죽음의 의미를 되새겨야 할 것이다. 그래서 오늘도 진정한 삶이 피어나는 영성화의 길로 초대하고 있는 예언자 에제키엘의 절규에 몸담으면서 결단하지 않으려는가!

제2 이사야서(40-55장)

1. 시대 배경

일명 "위로의 책"이라고 불리는 제2 이사야를 쓴 저자의 활동 시기는 바빌론 제국이 페르샤에 몰려 세력이 약화되었을 때였다 (기원전 550~540).

바빌론의 나보니두스(Nabonidus, 556~539)는 하란 출신 아랍계 귀족 가문의 자손으로서 라바시 마르둑(Labashi - marduk, 556)의 왕위를 찬탈한 인물이다. 나보니두스가 칼로 권좌를 차지한 후 바빌론 제국은 내분을 피할 수 없었다. 결국 지방국가로 전락해 가는 가운데 국내의 당파싸움은 심화되어만 갔다. 한 치의 양보도 없이 자기들의 이권에만 혈안이 된 위정자들의 가소로운 행위들은 서로를 불신하고 반목·시기하는 국민 풍토를 조장시키는 데만 기여했다. 따라서 비상시에 대비할 준비라고는 빈손뿐이었다.

이 시기에 바빌론의 동쪽에 위치한 페르샤의 고레스(Cyrus, 551~530)가 세계 원정에 나선다. 549년 고레스는 엑바라나를 점령하면서 메대와 페르샤의 왕으로 군림한다. 이때 바빌론 제국은 예레미야와 에제키엘 그리고 제2 이사야가 예언한 것처럼 지상에서 사라져 갔다(기원전 539).

이는 나라 안이든 나라 밖이든 또는 개인이든 공동체건간에 공동체의 선익보다는 자신의 의사만이 옳다고 주장하는 무리들의 고집으로 비참한 최후를 맞이하는 숱한 실례 중의 하나다. 부귀영화는 오래가지 못하나니 지금도 우리는 부당한 자들의 비참한 최후를 보고 있지 않은가!

이런 와중에 이스라엘의 처지는 느부갓네살이 죽은 후(562) 악질 마르둑(562~560, Amel - marduk)이 왕위를 계승하자 어느 정도 자유로운 처지로 개선되어 갔다. 포로로 잡혀온 유다의 여호야긴 왕이 석방되면서 볼모 왕으로 특대우받기 시작했다(2열왕 25,27). 이런 사실은 유배민들이 어느 정도 자유로운 처지에서 각종 직업에 종사할 수 있었다는 것을 엿보게 한다. 상인 또는 고급 관리로서 직위나 경제적 안정을 찾은 무리가 늘어났던 것이다(다니 1장).

이렇게 바빌론의 무능력한 위정자들이 허점을 드러낼 때 고레스의 등장은 이스라엘에게 희망을 가져다주었다. 이때 사제들은 고대 전승을 수집하기에 이른다. 그들은 하느님께 버림받은 듯한 비참한 처지를 숙고하기에 이르러 자기들의 역사를 반성하는 가운데 힘들고도 귀중한 작업을 추진해 갔다. 따라서 어느 때보다도 더 강하게 거룩한 백성임을 절실히 느꼈던 것이다. 세계 안에서 자기네가 부여받은 이 귀중한 유산을 지속시키려면 그 특유의 삶을 지켜야 한다는 자각 아래 새 여정을 마련했으니 이것이 바로 "제관계 문헌"을 낳게 된 것이다.

그러므로 새롭게 안정된 생활에 안주하여 이교 신에 현혹되는 무리가 없진 않았지만 고레스의 해방령으로 본향에로의 귀향을 서두르는 "남은 자"들의 회동이 희망적이다. 이들은 "좋은 무화과"에 비유된 무리로서 이방의 대수도가 현혹하는 황금과 우상도 결코 그들을 잡아두지는 못하였다.

이들이 현세적 안정을 뿌리치고 귀향할 수 있게 용기를 준 것은 "해방의 기쁜 소식"을 안고 온 제2 이사야의 역할이 컸던 것이다.

2. 저자와 친저성

에제키엘의 선포가 끊긴 지 20여 년 만에 익명의 새 예언자의 외치는 소리가 있었으니 그가 바로 제2 이사야라 불리는 인물이다. 그런데 그 사상, 희망 그리고 문체 등을 살펴보면 제1 이사야와 너무나 흡사하여 시대 차이가 엄청나지만 이사야서 후반부에 삽입한 것으로 본다.

40-55장은 원 이사야의 저술이 아니라는 것이 18세기에 와서야 분명한 문제로 제기되면서 그 증명이 이뤄졌다.

왜 이사야서를 하나의 "선집"으로 보는가?

예언자들은 미래의 사정을 설교할 때도 항상 동시대의 사람들을 상대로 선포했다. 그런데 40-55장은 원 이사야의 시대인 기원전 8세기가 아니라 6세기의 이야기를 들려준다. 즉, 원 이사야 시대는 유배를 가지 않았을 뿐만 아니라 예루살렘도 건재했으며 바빌론 제국도 그때는 아시리아 제국의 일개 지방 도시에 불과했다.

이런 사실로 미루어볼 때 바빌론 제국의 말기인 550~540년에 이사야의 제자로 보여지는 익명의 시인이 40-55장을 기술했다고 본다.

이 부분은 1-39장의 문집보다 훨씬 통일된 짜임새를 보여주며 그 필력은 세상의 모든 계층에게 감흥을 주는 시적 감각을 가지고 있다. 그래서 그를 구약의 "단테"라고 부르기도 하며 희랍의 대서사시 『일리아드』의 저자에 비유되기도 한다. 그는 성경의 세계에서 가장 뛰어난 대시인으로 꺼져가는 심지에 불씨를 지피는 인물로 등장한다.

3. 주 제

민족 해방으로 위로의 메시지가 대주제이다. 이스라엘 백성이 새로 창조될 예루살렘으로 귀환한다는 이 주제는 첫 출애굽을 훨씬 능가한 제2의 출애굽으로 새로운 에집트 탈출이라는 표상을 통해 유배 말기에 쇠잔해진 백성의 신앙에 하나의 불씨가 된다.

저자는 과거의 사건과 앞으로 맞을 사건을 구분하여 종말론 신학을 준비했다. "위로하여라. 나의 백성을 위로하여라." 너희의 하느님께서 말씀하신다. "예루살렘 시민에게 다정스레 일러라. 이제 복역 기간이 끝났다고, 야훼의 손에서 죄벌을 갑절이나 받았다고 외쳐라"는 이 첫 외침은 제2 이사야의 서론인 동시에 전체를 요약하고 있다. 예언자의 이 서두로 이제 심판 예언의 시대는 포로의 시대로써 끝을 맺고 "남은 자"들 안에서 하느님의 구원하시고자 하는 손길을 드러내면서 기대를 모은다.

"제2 이사야"의 신학은 "제1 이사야"보다 훨씬 조직적이다. 그는 유일신 사상을 더 체계적이며 교의적으로 다루어 우상의 무능을 속속들이 파헤치고 있다. 나아가 하느님의 심오한 지혜와 그 섭리하심을 부각시켜 종교적 보편사상을 강조하고 있다. 이렇게 "구원"이 대주제음으로 흐른다.

이러한 주제는 유배지에서 겁먹은 채 환멸에 빠진 선민들에게 새 장을 열어주면서 바빌론의 우상숭배에 사로잡힐 그 정황에서 위로와 격려로 기운을 북돋우는 데 목적이 있음이 드러난다.

4. 구 성

크게 두 부분으로 나누어 볼 수 있다(도표는 57쪽을 참조하라).

제1부(40-48장): 바빌론의 멸망과 "고레스"(페르샤 왕)의 승리가 묘사되면서 이방 민족이 도구로 쓰여 이스라엘에게 해방을 알린다. 출애굽을 연상시키는 이 해방은 하느님의 계획과 성실을 강조한다. 동시에 하느님의 계획이 실현될 때 그 다스리심이 우주적인 성격을 띤다.

제2부(49-55장): 하느님의 다스리심은 예루살렘을 기점으로 하여 눈부시게 단장할 것이라고 저자는 확신하고 있다.

하느님이 몸소 이루실 결정적인 구원은 한 사람의 예외도 없이 온 인류에게 베풀어질 것이다.

5. 주요 내용

제1부: 광복의 기쁜 소식(40-48장)

40,1-11: 첫 부분을 여는 서론으로 이사야의 소명 환시와 사명을 묘사하는 가운데 세상 어느 것과도 비교될 수 없는 야훼의 힘과 사랑을 노래한다.

1-5절: 바빌론의 복역 기간이 끝남으로 새로운 시작을 알리는 기쁜 소식은 온통 위로를 담고 다가온다. 당신 백성에게 사막에 길을 내어 하느님 오심에 협력하라는 외침이었다. 이는 고국으로 돌아갈 준비를 갖추라는 하느님의 명령이 담겨 있음을 암시하고 있다.

6-11절: 시들어 버릴 바빌론의 세력을 두려워할 필요는 추호

도 없으며 여전히 역사의 주인이신 하느님이 승리자시니 야훼께만 충성을 다하고 신뢰할 것을 당부한다.

27-31절: 야훼가 가진 창조의 능력과 지혜를 우상들의 허무함과 대조시키면서 이스라엘의 불평과 반발과 고발에 응답한다. 야훼는 당신 백성의 곤궁에 무관심한 것이 아니라 구원하기 위한 채찍이었고 그것은 이제 끝났다며 높은 곳에서 아래로 굽어보시고 계신 분에게로 주의를 환기시킨다. 이렇게 능력과 자비의 하느님은 모든 것이 끝장난 듯 지쳐 있는 자들에게 고국으로 돌아갈 힘을 주고 계시다.

41장: 하느님께서 베푸시는 구원을 받으려면 먼저 조용히 말씀부터 들으라고 인도하여 산업 문명의 혼란으로 빚어진 이 혼미한 세상에 살고 있는 우리들에게 어떤 태도로 하느님께 접근해야 하는가를 일러준다.

이어서 주님의 말씀이 끝나면 썩 나와 할 말을 하라는 법정 형식의 묘사로 야훼와 이방 신들과의 재판에서 승리자가 누구인지를 선연히 보여준다.

야훼만이 다가오는 역사의 전환점을 주도하신다. 그러므로 "고레스" 왕을 일으킬 분도 야훼시다. 따라서 역사의 결과를 미리 아는 분 또한 야훼뿐이시라고 강조한다. 이렇게 이전의 것들과 장차 있을 것 모두를 대비하는 분은 야훼뿐이시며 우상이 헛됨을 두드러지게 강조한다. 만약 참 신앙의 대상이 누구냐는 질문을 지금 내가 받는다면 나의 응답은 어떨까?

42장: 하느님이 개입하시는 새 사건으로 계약 역사가 투명하게 드러나면서 사막은 초원으로 바뀌며 하느님은 그의 백성을 놀라운 모습으로 인도하실 것이다(42,5-17).

18-28절: 그런데 이스라엘은 자신들의 고귀한 사명에 청맹과 니의 어리석음을 저질렀다. 따라서 이렇게 스스로가 자초한 화의 대가를 받지 않으려 핑계될 수 있는 것은 아무것도 없다고 밝힌다.

43-45장: 그러나 야훼께서 이스라엘을 되찾으시려 말씀을 걸어오는 43장은 44-45장까지 포함하여 하느님이 선민을 돌보시는 자상함과 함께 이방 민족을 일으키시어 그를 통한 이스라엘의 해방을 알려온다.

야훼께서는 이제 당신 종 "고레스"를 선택하시고 기름부으시어 생명의 말씀에 흠뻑 젖게 한 후 당신의 증인으로 내세우신다. 따라서 광야에는 길이 트여 모든 것이 하나의 세계로 모여 전능하시고 영원하신 분을 찬양하리라.

43,14-28: 이때 우리는 하느님의 음성을 잘 들어 그분의 계획을 망치지 않도록 최선을 다해야 할 것이다. 따라서 은밀하게 말씀을 걸어오시는 분의 음성을 듣기 위해 기도의 분위기를 만들어야 할 것이라고 이끌어준다. 나아가 작은 일에 소홀히하여 하느님께 정성을 쏟지 않는 것과 인색함으로써 하느님의 것을 거스르지 말라는 경고가 곁들인다. 그런 중에도 심판보다 자비가 더 크신 하느님의 초대가 잇따르니 회개와 죄사함을 그려 깨달은 자를 당신 품안에 받아들이시는 무한한 용서가 부각된다.

44,24-45: 25절은 이미 앞에서 다룬 주제로 이교인 "고레스"를 선택하게 된 이유와 그를 통한 해방의 기쁨이 섬세하게 묘사된다. 그러나 여기서 주지할 것은 "고레스"를 포함한 지상의 모든 통치자가 결국은 하느님의 도구로 선택받았다는 것이다.

그러므로 자기 분수를 모르고 권력을 종횡무진 휘두르는 자는 하느님 보시기에 가소로울 뿐이다. 특히 이 부분에서는 미래를 예언하는 말씀 안에 우상과는 비교될 수도 없는 하느님의 신성을 강조하고 있다. 이사야는 우상숭배의 우매함을 특별히 지적하면서 진정한 것을 목마르게 갈구할 때 하느님은 더 풍성한 은총을 베풀어주신다고 약속한다. 그러므로 우리 마음을 비워 그분만을 체험할 때 우리는 자신의 내면에 도사리고 있는 우상으로부터 해방될 수 있을 것이다.

46-47장: 바빌론의 몰락을 시적으로 읊으면서 하느님에 대한 유일신 사상을 절정에 이르게 한다. 인간들에 의해 만들어진 바빌론의 신들인 모든 우상들은 그것들을 만들었던 인간에 의해 운반되어 인간이 정한 장소에 놓인다. 이 우상들은 정해진 그 자리에서 자기 스스로는 한 발짝도 떠날 수 없을 뿐 아니라 재앙을 당한 무리들이 도와 달라고 아우성쳐도 한 톨의 도움도 줄 수 없는 꼭두각시 같은 무능한 존재로 확인된다.

그러나 야훼는 "나는 여전히 너희를 업고 다니리라. 너희를 업어 살려내리라"(46,4) 하시니 우상숭배자는 자기 신을 업고 메고 다니나 하느님을 예배하는 자는 하느님에게 업혀 구원함을 받는다는 말씀이 큰 위안으로 다가온다. 우리는 과연 어느 쪽인가? 삶의 여정에서 영원히 썩지 않을 열매를 맺으라는 예수님의 말씀(요한 15,16)이 이사야의 이 외침에 어우러져 오지 않는가!

47장: 바빌론을 사치와 방종에 빠진 여인으로 비유한 이 부분은 하루아침에 허물어질 운명을 가지고도 깨닫지 못함을 조롱섞어 읊는다. 바빌론의 결정적 운명 앞에 마술사들은 어떤 힘도 쓰지 못하고 그들의 행위가 오히려 비굴스럽게 드러난 부분이다.

48장: 첫 부분의 마지막 장인 이 부분은 바빌론의 멸망과 고레스를 통한 승리를 예고하는 결론 부분이다. 동시에 둘째 부분으로 연결하는 교량 역할을 하기도 한다. 먼저 과거 이스라엘의 그 변덕스러움과 냉담함을 엄하게 다룬 후 하느님의 자비가 얼마나 무한한지를 대조시킨다. 그분의 용서 안에 드러난 자비의 극치는 하느님의 권능과 영광을 거듭 강조한다. 불의한 자에게 "잘 되려니 생각 말라"(22절)고 못박으시는 말씀은 지금까지의 총결론이나 진배없다. 시간을 초월하시는 하느님은 불안에 떠는 당신 백성에게 "평화"를 선사하시는 것이 당신의 목적이다(요한 20,19). 우리가 창조주 하느님의 구원 역사에 동참하려면 악인에게는 결코 평화가 없다는 이 말씀에 유념하지 않으면 안된다.

영원히 의로우시고 용서를 베푸시는 하느님 안의 삶은 오늘 내 안에 이런 평화가 있는가를 반성하게 하며 내일 이를 맞이할 수 있는 비결을 숙고하게 한다.

이렇게 40-48장까지는 "평화"를 선사하시고자 하시는 하느님의 은밀한 속삭임이 끊임없이 이어지는 부분이다. 지금 나는 그것을 발견하여 얻고 있는가?

제2부: 예루살렘의 재건과 구원의 보편성(49-55장)

고난을 통한 시온, 예루살렘의 재건과 구원의 보편성을 선포한다. 이 후반부는 신학사상에 있어서나 사건을 해석하는 면에서 한 단계 뛰어넘고 있다. 엄연히 현실로 나타나는 해방은 백성들이 아직도 겪고 있는 고통과 죽음에 새 차원의 의미를 부여하면서 다가온다.

특히 이 부분에서 "야훼의 종"이라 일컫는 한 이름 모를 신비로운 인물이 등장하여 대속적인 그의 고난을 통해 구원이 현실화되는 동시에 보편화된다. 네 번에 걸친 "야훼의 종의 노래"가 이 부분에서 중심을 차지한다. 제2 이사야서 안에 무질서하게 삽입된 "야훼의 종의 노래"는 42,1-4(5-9); 49,1-6; 50,4-9(10-11); 52,13 - 53,12 등 네 번에 걸쳐 수록되어 있는데 이들은 해방과 위로의 메시지를 분명히 담고서 서로 밀접하게 연결되어 있다. 그런데 오늘날 구약성서 학자들의 연구 결과 이 단편들은 다른 부분과 별개의 것으로 보며 독자적으로 만들어져 후대에 삽입한 것으로 추정하고 있다.

"야훼의 종의 노래"에 대한 각장을 간단히 분석해 보면

첫째, 42,1-4(5-9)는 종에 대한 하느님의 말씀으로 그 형식은 한 왕이 임명받는 장면을 모방하여 서술한다. 하느님 친히 선택하여 뽑은 종에게 준비를 갖추게 하신 다음 선교적 사명을 맡기신다. "뭇 민족에게 바른 인생길을 펴 주리라. … 갈대가 부러졌다 하여 잘라버리지 아니하고 심지가 깜박거린다 하여 등불을 꺼버리지 아니하며 성실하게 바른 인생길만 펴리라"(2-3절)는 구절은 종이 어떻게 활동할 것인지를 묘사한 것이다.

둘째, 49,1-6: 종 자신이 말하는 부분으로 1-3절에서는 하느님께 선택받아 뽑혔으며 그의 임무는 이스라엘을 하느님께로 돌아오게 하는 것이다. 하느님을 따르는 이스라엘의 태도가 너무나 불충했으나 남은 자를 통해 세상에 구원을 이룩하시려는 하느님의 계획이 원대하다(5-6절).

셋째, 50,4-9(10-11): 역시 이 부분도 종 자신이 말하는 부분으로 종의 직무는 말〔言辭〕의 성격을 내포하고 있다. 종은 천성적으로 하느님께 절대적인 신뢰를 두고 있으며 그래서 자신의 수난에 대해서 적극적인 태도를 보여준다. 그가 이렇게 하느님

께 전적인 신뢰를 둘 수 있는 것은 하느님이 그를 위해 중재할 것을 분명히 믿고 있기 때문이다.

넷째, 52,13 - 53,12: 종과 종의 고난을 회고하는 회중의 회고와 함께 그 종과 관계된 하느님의 약속이 드러난다. 하느님은 당신이 선택한 종을 승인하고 그의 겸허로 인한 결과로 높임을 받을 것이라고 보증하신다. 여기서 야훼 종의 고난이 대속적(代贖的)인 고난으로 드러나며(53,4-6) 하느님은 멸시에까지 이른 처참한 그의 죽음을 보상해 주실 것이라는 것이 깨우쳐진다.

이상의 본문에서 말하는 종은 누구를 두고 한 것인가?라는 논란이 학계에서 제기되었다. 종은 이스라엘일까 아니면 집단일까? 또는 이 종은 모두(네 편의 노래) 동일한 인물을 가리키는 것일까 아니면 각각 다른 인물일까?라는 숱한 의문이 제기되면서 성서학자들은 이 노래의 기원과 종의 정체에 관해서 아직도 토론을 벌이고 있다. 그런데 이 네 편의 노래는 모두 겉으로 보기에 실패로 끝난 한 인간이 자기를 바쳐 남을 구원한다는 의미를 분명히 내포하고 있다. 따라서 성서학자들은 종의 형상이 개인적 특징을 가지고 있다는 점에 유의하고 있다고 본다. 이 종은 이름 없이 그저 종이라고만 하는 어느 신비스런 인물을 묘사하고 있으며 그는 하느님께 직접 부름을 받아 이스라엘과 모든 이교인들에게 예언 사명을 수행한다(42장). 그는 이스라엘의 예언자들이 하듯이 자신의 사명을 오롯이 이행하지만 성공을 거두지 못한다(49-50장).

이와같이 첫번째에서 세번째 노래와 네번째 노래 사이에는 점점 짙어가는 어둠이 깔린다. 이제 종에 대한 적의가 증오로까지 바뀌면서 끝내 종은 잔학하고 무자비한 자들의 손에 무고하게 수치스러운 죽음을 당한다. 그러나 하느님의 손안에서 이 모든 고난을 사람들의 만 가지 죄를 대신하여 겸손하면서도 인내롭게 견디어 냄으로써 그는 사람들을 위해 하느님의 용서와 구원을 받아낸 후 높이높이 현양된다(52,13 – 53,12).

넷째 노래의 첫 마디가 하느님의 말씀으로 시작된다. "이제 나의 종은 할 일을 다 하였으니 높이높이 솟아오르리라"(52, 13). 이는 당신 종이 고난을 감수함으로써 구원의 도구 역할을 모두 수행한 것을 예언자에게 친히 들려주는 말씀이다. 그래서 예언자는 이 종의 비극적 최후를 눈으로 본 듯이 생생하게 묘사하여 읽는 이로 하여금 대속적인 종의 모습을 가슴 깊이 새겨두게 한다.

제2 이사야가 직접 목격했듯이 생생하게 묘사하는 "야훼의 종의 넷째 노래"의 문장 형식은 비하와 영광이란 도식 안에 애가와 찬미가가 어우러진다(2고린 12,9; 필립 2,6-11). 이 노래에서 다루는 것은 어떤 이데올로기나 교의신학이 아니다. 한 인간의 삶 그 자체를 말하고 있다. 그는 메마른 땅에 가까스로 뿌리를 박고 돋아난 햇순처럼 나타나(53,2) 승리하기 전에 먼저 고통과 죽음의 공동(空洞)을 지나가야 했다. "무리가 그를 보고 기막혀했었지. 그의 몰골은 망가져 사람이라고 할 수가 없었고 인간의 모습은 찾아볼 수가 없었다"(52,14), "늠름한 풍채도 멋진 모습도 그에게는 없었다. 눈길을 끌 만한 볼품도 없었다"(53,2)는 묘사 속에 그분의 고통이 얼마나 극심했는지를 엿보게 한다. 그는 그의 고통을 천벌로 생각한 사람들한테 멸시를 받았다. 분명히 무죄했음에도 그는 결코 전임 예언자들처럼 복수해 달라고 호소하지 않고 끝까지 묵묵한 모습에서 그가 하느님께 매를 맞아 학대받은 줄로 여겼다(53,4).

그러나 예수님 시대까지도 끊임없이 제기되었던 고통은 죄에 대한 벌이라는 등식이 여기서 깡그리 무산되고 있다(요한 9,2). 왜냐하면 망가져 도저히 인간의 모습이라고는 할 수 없는 처참함을 그분은 극복하기 때문이다. "그를 찌른 것은 우리의 반역죄요 그를 으스러뜨린 것은 우리의 악행이었다"(53,5). 죄는 우리가 짓고 고통은 그분이 받으셨다. "폭행을 저지른 일도 없었고 입에 거짓을 담은 적도 없었지만 그는 죄인들과 함께 처형당하고 불의한 자들과 함께 묻혔다"(53,9). 여기에 야훼의 계획이 있어 아버지의 뜻에 따라 자기의 생명을 내놓았다(53,10).

이 노래에 묘사한 종은 완벽한 야훼의 종이요 자기 백성을 모으는 자이며 민족들의 빛이다. 이 종은 참다운 믿음의 길을 설교하며 자기의 유일회적인 목숨을 바쳐 백성의 죄를 없앤다는 것 때문에 하느님으로부터 고양(高揚)된 장차 올 메시아적 성격을 가진 영광의 종이다. 예수님은 이 고통당하는 종의 모습에서 자신의 정체와 사명을 발견하신다(루가 22,19-20.37; 마르 10,45). 또 초대교회의 사도들은 이 종의 노래에서 가장 완벽한 하느님의 종의 모습을 발견할 수 있었다고 본다(마태 12,17-21; 요한 1,29).

이 종의 노래를 이해하는 데는 아직도 학계에서 많은 논란이 제기되고 있지만 무엇보다도 구약의 어느 대목보다도 분명하게 신약을 지시하고 있다는 것이다. 따라서 이 노래를 이해하는 데는 복음서보다 더 좋은 주석은 없다고 보겠다. 그래서 복음서의 핵심이 넷째 노래에 함축되어 있다 해도 가히 지나친 말은 아닐 것이다. 참 해방과 구원은 바로 예수 그리스도로 말미암아 우리에게 주어진 것이다. 무죄한 이의 고난과 죽음을 통해 하사받은 구원에의 선물은 분명 새 차원의 삶을 열어준 새로운 메시지이다. 따라서 예언자가 제시하고 있는 야훼 종을 우리는 야훼를 보는 것처럼 바라볼 필요가 있다. 그분의 고통은 다른 어떤 것과도 비교될 수 없는 성질의 것이며, 그 고통 뒤에 따른 영광 또한 무한한 것이다. 유한한 지성과 의지를 가진 우리가 해방의 기쁨에 동참하기 위해서는 그분이 가신 길을 따르지 않으면 안 될 것이다. 그분처럼 우리도 하나인 목숨을 봉헌하는 하느님께 향한 사랑과 신앙을 가져야만 야훼의 종의 노래가 참으로 우리의 마음 속 깊숙이 음미될 수 있지 않을까!

49,7 이하: 지금까지의 이스라엘의 처지가 바뀌어 선조들로부터 물려받은 유산을 되찾는 장이다. 해방의 충만함으로 환성이 드높은 가운데 야훼께 걸었던 희망이 결코 헛되지 않았음이 확인되며 위로의 분위기가 고조된다. 따라서 능력의 하느님께 회개와 신앙으로 의지하라고 하는 절대적 신뢰를 권유하는 가운데 심판 경고도 따른다(50,1-4.10-11).

51장: 이사야 특유의 힘을 느끼게 한다. "나의 말을 들어라. 정의를 추구하고 야훼를 찾는 자들아. …"로 이어지는 극적인 문체는 야훼의 강한 팔에 의해 구원이 이뤄짐을 실감케 한다. 이제 새로운 탈출의 때가 당도했으니 탈출의 준비를 서두르고 인간의 한계상황에 부딪쳐도 결코 실망하지 말 것을 당부한다. 이때 창조주 하느님께서 손수 나서신다. "너희를 위로할 자, 나밖에 또 누가 있으랴? 어찌하여 너희는 죽을 인생을 겁내느냐?"(12절). 결국 사슬에 묶인 너희를 풀어줄 수 있는 힘은 만군의 야훼뿐이시라는 어조 속에 우리의 신뢰를 하느님께 뿌리내리게 인도한다.

52장: "그러하니 깨어나와 힘을 내어라"고 예루살렘을 향한 초대가 이어지면서 하느님이 왕권을 잡으시고 다가오심에 사위가 현란하다. "반가워라. 기쁜 소식을 안고 산등성이를 달려오는 저 발길이여. 평화가 왔다고 외치며 희소식을 전하는구나"(7절). 그러니 이제부터 아예 부정한 것은 건드리지 말고 앞장서서 길을 인도하시는 야훼만을 따르라. 이렇게 오늘날 우상화된 황금보다 더 값진 보화의 길을 제시하여 우리의 염원이 그것으로 일관하게 하는 희망이 뿌듯한 장이다.

54장: 야훼 종의 슬픔의 애가로 애간장을 녹였던 가슴에 그 비극의 차원을 넘어 환희의 찬가로 분위기를 바꾼다. 한때 석녀처럼 버림을 받아 가슴에 피멍울을 삼켜야 했던 시온은 다시 주님의 품으로 돌아간다. 저 부르시는 소리에 가슴을 두근대는 조강지처의 설레임을 보는 듯 묘사하면서 이제 그 사이가 영원한 평화의 계약으로 그 맥이 이어진다. 하느님의 헤아릴 길 없는 계획 있어 대속물로 바쳐진 야훼 종의 승리는 이제 새 이스라엘인 교회와 모든 인간에게까지 확산되면서 기쁨과 평화가 넘실댄다.

55장: 제2 이사야가 종결되는 이 부분은 구원의 기쁨을 절정으로 끌고가 마무리한다.

"너희 목마른 자들아, 와서 먹고 마셔라." 새로운 시온의 시민들에게 축복을 내리면서 하느님의 크신 초대를 그려 그분의 용서와 은총의 크기를 붓으로 다 묘사하지 못함을 아쉬워하는 듯하다.

"야훼를 찾아라. 만나 주실 때가 되었다"(6절). 옆에 와 계신 그분을 우리는 지금 어떻게 만나고 있는가? 지금까지 자기 아집의 사고방식을 훌훌 털어버리고 저 은총의 들녘으로 나가 야훼를 만나야 한다. 그때 우리는 하느님의 생각과 우리의 생각이 같지 않다는 것을 체험할 것이다(8절). 이토록 즐거운 귀향길을 환히 터놓으신 야훼의 종은 대통령이나 수상의 권력으로 군림하시는 것이 아니라 십자가로 세상 모든 민족을 모으신다. 높이높이 매달리신 예수 그리스도 안에서만 생명의 샘을 퍼올릴 수 있음을 감지하건만 이토록 아둔함은 어째서일까!

6. 종교적 가르침

① **위로와 구원의 기쁜 소식**: 야훼 손수 해방의 기쁨을 가져다주신다는 구원의 소식이 전체를 통해 면면히 흐른다. 이 소식은 이스라엘을 넘어 모든 시대 모든 사람들에게 해당된다는 외침이 특히 네 번에 걸친 "야훼 종의 노래"를 통해 알려준다.

② **약속에 성실하신 하느님의 모습**: 출애굽사를 회상시켜 가면서 구원의 역사를 어떻게 성취시켜 나가는지를 전한다. 민족해방과 귀환은 천지창조와 출애굽에 비길 만한 제2의 출애굽으로 비유된다. 그러나 이 모든 것은 종말론적 시야 안에서 바라볼 때 출애굽의 참 의미가 환히 드러날 것이다.

　이 해방의 기쁨도 우리의 일상적 삶 속에서 손수 이끌어가시는 인격적인 하느님을 만날 수 있을 때 나의 기쁨, 나의 해방이 될 것이다.

Ⅴ. 유배 후(기원전 5세기)의
예언자들

제3 이사야를 포함하여 하깨·즈가리야·요나·요엘·오바디야·말라기야 등은 바빌론 유배지로부터 귀환한 후에 활동했다고 본다.

예레미야와 에제키엘 그리고 제2 이사야가 미리 내다보았던 희망이 페르샤의 고레스 대왕에 의해서 기원전 538년 현실화되었다. 귀환 후의 재건 이야기는 에즈라와 느헤미야서에서 어느 정도 소상히 그린다.

제3 이사야서(56–66장)

1. 시대 배경

제3 이사야서는 제2 이사야서와는 달리 전혀 새로운 분위기로 무대가 팔레스티나로 옮겨져 있다. 따라서 제2 이사야에 의한 벅찬 해방의 꿈에서 깨어난 귀향민들이 역사의 냉엄하고 그늘진 현실에 직면하고 있다. 그들은 전쟁의 잔해만이 을씨년스러운 국토 위에 부려져 실망과 좌절의 통곡을 내뱉으면서 국가 재건의 어려움을 통감하고 있었다. 이에 실의에 빠진 귀향민들에게 위로의 메시지는 필요불가결했던 것으로 익명의 예언자가 등장하여 야훼의 구원의 동작을 그들의 삶 안에 확인해 주었다.

2. 저 자

그의 설교가 메아리치기 시작한 때는 고국으로 돌아온(기원전 538) 초기로 성전 재건이 완공(515)되기 전후로 추정된다.

　그런데 제3 이사야의 편집 과정이 대단히 복합적인 것으로 밝혀져 저자에 대해서는 의견이 분분하다. 따라서 본 예언활동은 제2 이사야의 제자들에 의해 수록·편집된 것으로 보여지며, 기원전 8세기의 원(原)이사야(이사 1–39장)의 뒤를 이은 이사야 학파의 맥을 훌륭히 잇고 있다 하겠다.

3. 주 제

야훼의 가난한 이들에게 전해지는 기쁜 소식이 전면(全面)에 깔리면서 먼저 내면적 차원으로 끌고가 회개를 촉구하는 심판의 경고가 다시 그려진다(56-59장). 따라서 선임 예언자들 안에 항상 맴돌았던 율법에의 충실을 여기서도 요구한다. 나아가 힘들여 세우는 새 예루살렘의 웅장함을 미리 내다보면서 이제 그곳은 만민이 모일 야훼의 전이다. 따라서 여기서도 만민 구원론인 하느님의 구원 보편사상이 본 예언서의 핵을 이룬다(60-62장).

그런데 이것 또한 종말론적 사상을 가진 구원 보편성으로 받아들이지 않으면 이해가 어렵다. 왜냐하면 역사적인 현실은 예언보다 훨씬 못할 것이나 예루살렘은 언제까지나 거룩한 도성으로 역사를 초월하는 위대한 하나의 실재로서 표상되어 예표되기 때문이다.

4. 주요 내용

내용에 따라 대개 네 단락으로 구분하여 본문을 해설해 보면(도표는 57쪽을 참조하라)

제1부: 심판에 대한 예언들(56-58장)

심판에 관한 예언들과 잡다한 문제들을 취급하고 있다.

56,1-8; 58,13-14: 안식일을 지키는 문제들로 유배 동안 이스라엘에 있어서 안식일의 의미는 지대하여 하나의 상징성을 띤다. 그런데 이제 야훼께로 개종한 외국인도 안식일과 그분의 뜻

에 성실히 따르면 그분의 울 안에서 편히 쉬리란다. 이는 안식일을 지킴으로 따라오는 축복으로 참된 이스라엘이 되는 데 필요한 조건으로 드러난다.

56,9-12; 57,1-13: 자기 이익만을 추구하는 백성의 파수꾼과 목자들에게 거칠고도 돌발적인 심판이 선포되고, 같은 어조로 우상숭배자들에게도 허무맹랑함을 질타하시면서 악인들에게는 결코 평화가 없다고 현실을 직시하게 한다. 그러나 야훼를 믿고 바라는 사람은 땅과 거룩한 산을 유산으로 받을 것이라는 한없는 위로가 감미롭다.

네 목소리를 나팔같이 높여서 내 백성에게 그 허물을, 야곱 가문의 죄를 밝히라시는 야훼의 눈길에 저들은 마치 하느님의 법을 어기지 않은 것처럼 "우리가 단식을 해도 당신이 보아주시지 않으니 무슨 소용이냐?"는 뻔뻔스러움은 오늘의 우리에게도 도사리고 있는 가식이 아닐까!

58장: 따라서 이런 철면피한 주장에 맞서려면 인간의 죄에 대한 선포는 하느님의 권위로써 선포되지 않으면 안되었다. 예언자는 이웃 안에 사랑을 실천하는 것이 참된 단식으로 "억울하게 묶인 이를 끌러 주고 … 압제받는 이들을 석방하고 모든 멍에를 부수고 굶주린 자에게 먹을 것을 나눠주는 것 … 제 골육을 모르는 체하지 않는 것 …"(6-7절)이라고 선언하면서 야훼의 뜻과 은총을 저버리지 말라고 호소한다.

제2부: 민족 탄식과 하느님의 응답(59장; 63-64장)

하느님이 도와주실 능력이 없다고 비난하는 것을 반박하는 이 부분은 죄가 바로 우리를 하느님과 격리시키는 요소라고 고발하면서 메시아의 대망이 왜 지연되는지를 설명한다. 따라서 백성이 저지르는 온갖 죄상을 음울하게 묘사하면서(59,4-8) 민족 탄식시로 넘어간다(59,9-20). "하느님, 우리는 당신께 거역하기만 했습니다"라는 죄고백에 따라 당신 자비를 펴시어 구원을 몸소 이루시는 모습에서 하느님의 성실이 다시 확인된다.

63,1-6: 하느님이 포도주틀을 밟고 그 옷이 붉게 물든 것은 열국(에돔)을 심판하시어 승전가를 드높임을 표방한다.

63,7 – 64장: 이어서 역사적 요인을 시로 표현한 민족 탄식시가 나온다.

63,15부터는 간청하는 음조로 나오다가 마무리(64,12)에 가서는 "야훼여, 이렇게 되었는데도 당신께서는 무심하십니까? 우리가 이렇듯이 말못하게 고생하는데도 보고만 계시렵니까?"라면서 자신들의 곤욕스런 처지를 질문으로 끝맺어 어려울 때 도와주실 분은 야훼뿐이라는 것을 다시 한번 표명한다.

제3부: 시온의 영광스러운 새날(60-62장)

본 예언서의 핵심 부분으로 시온의 영광스러운 새날에 대한 묘사이다.

제2 이사야서의 희망에 부풀었던 꿈이 무산된 채 실의와 좌절에 빠졌던 귀환민은 여기서 그 환멸감을 회복한다. 예언자는 시온을 불러내는 것으로 시작한다. "일어나 비추어라. 너의 빛이 왔다. … 온 땅이 아직 어둠에 덮여, 민족들은 암흑에 싸여 있는데 야훼께서 너만은 비추신다"(60,1-2). 이렇게 그는 구원의 시대를 묘사하는 속에 현재의 어려움도 함께 반영해 준다. 흩어져 있던 자들이 돌아올 때 풍요와 부를 안고 야훼를 높이 찬양하는 끝없는 행렬로 그 영화를 가히 짐작케 한다(60,4-9). 그리고 이전에 이스라엘을 굴복시킨 민족들이 그의 구원을 위해서 봉사할 것이다(60,10-26).

61장: 하느님을 거역했던 그 백성이 이제 하느님의 목적을 실현하는 입장에 서서 주님의 은총의 해를 선포받는다. 메시아의 파견(1-3절)과 메시아 왕국(4-9절)에 이어 "야훼를 생각하면 나의 마음은 기쁘다. 나의 하느님 생각만 하면 나의 가슴이 뛴다"(10절)는 묘사 속에 메시아로 말미암은 기쁨을 모든 의인이 맛보게 될 대 향연으로 드러낸다.

62장: 여기서 나타날 거룩한 도성의 실현은 아직 완전하게 이룩되지는 않았지만 그 실현이 가까이 왔다. 이를 실현시키실 "야훼의 종"의 역사하심을 높이 기리면서 하느님의 백성이 거룩하게 되어 만백성이 그리워 찾는 도시가 될 때 야훼의 구원하심이 완전히 이뤄진다고 한다.

제4부: 심판과 묵시적 구원 약속에 관한 예언들(65-66장)

형식적 예배를 역겨워하시는 야훼께서는 소박한 마음으로 진실하게 드리는 예배를 당신이 즐겨 받으신다고 하신다. 따라서 의로운 자와 악한 자의 구별을 분명히 하여 예언자적 성격을 재확인해 준다. 그리고 새 하늘과 새 땅에 관한 약속들은 분명히 묵시문학적 성격을 보여주어 새 이스라엘인 그리스도교 공동체의 기쁘고 완전무결한 모습을 엿보게 한다(묵시 21,1; 2베드 3,13).

5. 종교적 가르침

교회의 종말론적 안목 안에서 누가 하느님의 백성에 속하느냐는 가르침이다.

① 메시아 오심: 반드시 메시아 시대는 오지만 그것은 아직 장래의 일이다.

② 새 예루살렘의 영화와 그곳은 만민이 모일 거룩한 산이다.

겨레에게 희망을 불어넣고 하느님의 요구를 실행하도록 권유하면서 구원 약속은 결국 실현을 보리라고 단언한다. 따라서 하느님이 거하실 기도의 집에 초대받기 위해서는 먼저 회개하여 참된 성성(聖性)과 진실한 사랑으로 거룩해져야 할 의무가 있다.

귀향 후의 음산하고 우울한 시기, 즉 우리가 받는 현세적 고통은 반드시 지나간다. 그때까지 확고한 믿음과 참된 의(義)로써 이 일시적 시련을 감내하면 반드시 영원한 천상 예루살렘의 삶을 누릴 것이다.

하 깨 서

1. 시대 배경

하깨의 예언활동은 귀향민 제1진이 기원전 538년 예루살렘에 도착한 뒤이은 시기로 본다. 이들은 폐허의 도시를 다시 재건하여 올바른 예배를 드릴 수 있도록 온 힘을 기울여 성전 재건에 착수했다(에즈 3,1-6).

그러나 희망에 부푼 이 시도는 현지에 남아 있던 사람들, 즉 사마리아 멸망 때 아시리아 왕국이 이스라엘에 포로로 끌고온 이교도들로 이들의 방해로 좌절되어 18년간 정치적·경제적 난관 속에서 성전 재건이 중단되었다. 그런데 기원전 522년 페르샤 제국의 캄비세 왕이 죽고 다리우스 1세가 등극하자 유다인들은 이 사건을 하느님께서 개입하실 사건의 예고로 받아들인다 (2,21-22). 이때 하깨와 즈가리야가 하느님의 왕국이 도래하기 위해서는 먼저 하느님을 예배할 성전을 재건해야 한다고 외쳤던 것이다.

2. 인 물

하깨는 기원전 520년 8월 27일(1,1의 6월 초하루는 아시리아와 바빌론 달력에 따른 것으로 이를 환산하면 기원전 520년 8월 27일에 해당함)부터 약 4개월간 활약한 인물로서 그의 예언활동은 성서에서 날짜가 가장 정확하게 명기된 특성을 보여준다.

하깨(HAGGAI)란 히브리어로 "나의 축일"이란 의미로서 그 이름이 암시하듯 예배와 성전에 큰 관심을 쏟고 성전 주변에서 생활한 예언자로 추정된다. 그는 4개월간의 설교로 즉시 효과를 얻은 행운아이며, 하느님을 위한 모범적 일꾼으로서 백성들에게 견책보다는 위안을 더 많이 준 예언자였다.

3. 사 명

실의에 빠진 귀향민들을 분발시켜 하느님의 성소를 다시 짓는 데 필요한 노력을 백성들에게 심어주는 것이었다. 성전은 하느님의 현존 장소이며 이스라엘을 하나로 모을 곳이다. 따라서 성전은 참 하느님을 받드는 종교의 상징으로 한 하느님을 모시는 자들을 일치시키는 중심지가 된다.

4. 저 자

역대기의 영향을 받은 하깨의 제자 중의 한 사람이 예언자의 신탁이 있은 수년 내에 스승의 설교를 요약·편집한 것으로 추정된다.

5. 구 성

비록 2장에 불과한 짧은 신탁이지만 대다수의 예언서와는 달리 산문체로 메시지를 전달하는 것이 독특하며, 다섯 개의 신탁으로 이뤄져 있다.

첫째 신탁	둘째 신탁	셋째 신탁	넷째 신탁	다섯째 신탁
1,1-14	1,15a; 2,15-19	1,15b; 2,1-9	2,10-14	2,20-23
견책	설득	격려	질책	약속

6. 주요 내용

첫째 신탁: 견책 — 성전 재건을 호소함(1,1-14)

도시의 폐허를 보고도 "아직 주님의 성전을 지을 때가 오지 않았다"고 말하는 백성들에게 야훼께서 견책하여 나서신다. 벽을 나무로 꾸민 호화 주택에서(1열왕 6,9; 예레 22,4) 살고 있는 공동체 지도자들의 사치를 공박하는 속에 하찮은 방해와 이유를 핑계대면서 성전 재건을 포기한 대가로 받을 재난을 경고한다. 여기에 반성과 성전 재건을 먼저 해야 할 것이라고 촉구하고 있다.

이렇게 진정으로 필요한 것이 무엇인지 일깨워 물질의 노예가 되어 자신의 이익에만 혈안이 된 지도자와 백성을 향한 질책이 매섭다. 이 하늘의 소리는 현세적 쾌락이 마치 인간의 영원한 현주소나 되는 것처럼 착각하고 쾌락과 이기심으로 자신을 망치는 오늘의 뭇 사람들에게 내리치는 경고이지 않을까!

둘째 신탁: 설득 — 축복의 약속(1,15a; 2,15-19)

1,15a와 연결시키면 이해하기 쉬운 부분으로 하찮은 핑계로 성전 재건을 지연시킨 대가가 어떠하리라는 것을 보여준다. 성전 공사 전에는 가뭄 때문에 기대했던 만큼의 결실을 결코 거둘 수 없을 것이다. 그러나 성전을 짓기 시작하면서부터는 번영과

행복이 오리라고 약속한다. 이렇게 성전을 짓도록 권유하여 그 말씀에 순종함으로써 따라올 축복을 확인하게 한다.

셋째 신탁: 격려 — 메시아 시대의 새 성전의 영광을 약속함(1,15b; 2,1-9)

한 달 후 백성들이 자신들의 비천한 처지와 솔로몬 성전의 영광을 대조할 만큼 관심을 기울였을 때 하깨는 백성들을 다시 일깨운다. 파괴되기 전의 성전의 영화를 떠올리면서 그 찬란했던 영화를 압도해 버릴 만큼 더 화려한 성전 건립의 꿈을 백성들의 마음 속에 불태운다. 그는 하느님이 하늘과 땅을 진동시키고 모든 민족들을 전율케 하여 백성들과 지도자들의 좌절에 용기를 북돋운다. 이제 과거 선조들에게 출애굽 때에 불기둥과 구름기둥으로 생명을 허락하신 것처럼 하느님의 힘이 너희와 함께하는 것을 이방인들이 보고 술렁댈 것이다. 더불어 예언자는 메시아 시대가 다가오는 징표를 제시한다. 따라서 메시아적 의미를 담고 있는 이 본문은 장차 올 이 시대의 행복과 평화를 그린다. 이 시대는 모든 것이 화해되어 복지사회가 가지는 안정을 보여 하느님과 인간 그리고 모든 피조물 사이에 있을 조화로운 낙원 상태를 그려준다(창세 1장; 이사 11,6-9; 예레 33,6-9; 즈가 8,4 - 9,12).

넷째 신탁: 질책 — 외형적인 예배 경고(2,10-14)

사제들에게 정(淨)과 부정(不淨)에 대한 질문을 던지면서 신도들이 열심하지 않아 예배마저 전적으로 부정해졌다고 단정한다. 이교도들과 친분을 맺거나 황폐한 성전 재건을 소홀히하는 사실 자체가 부정을 타는 것과 같다. 그러므로 백성의 모든 활동과 심지어는 제사까지도 부정을 타게 되었으니 들을 귀 있는 자 들으라신다.

다섯째 신탁: 약속 — 즈루빠벨에게 내리신 약속(2, 20-23)

하느님은 다윗 왕조를 결코 잊지 않고 계시다는 것을 밝히기 위해 유다 왕국의 왕족 즈루빠벨을 당신의 종으로 선택하여 구세사에서 중대한 사명을 띤 인물로 등장시키면서 여기에 메시아적 대망이 성취되리라고 약속하신다.

7. 종교적 가르침

① **성전 건축의 필요성**: 이는 메시지의 핵심으로 성전은 하느님의 절대적 권위에 대한 충실성을 나타내는 볼 수 있는 표현이다. 그러므로 시대의 징표를 해설하여 귀향한 공동체가 겪는 가난의 원인은 백성들이 성전을 재건하는 데는 전혀 관심도 없으면서 개인의 의식주와 일에만 골몰했기 때문이란다. 그러므로 하느님께 최우선을 드리고 나면 평화와 풍년과 축복은 저절로 따라오게 마련이라고 펼쳐준다. "힘을 내어라. 그리고 일을 시작하여라"(2, 4)는 네가 만일 주님과의 관계를 회복시키려면 먼저 할 일을 하라는 외침이며, 개인의 일이나 자신의 집보다는 먼저 하느님의 성전을 지으라는 촉구이다. 더불어 하느님은 성전 안에 계시니 겉치레가 아닌 마음으로부터 기꺼이 성전 건축에 임하라시니 참 예배를 드리는 요소를 일러준다.

② **메시아에 대한 전망**: 성전 건축과 결부시켜 축복의 약속은 다윗의 후예인 즈루빠벨이 메시아를 대변하고 있다고 구체화시킨다(2,23).

역사적으로 즈루빠벨에 대한 이 예언은 무위로 끝났지만 메시아에 대한 예언으로는 영속적인 가치를 지니고 있다. 이렇게 그의 예언활동은 비록 짧은 기간이었지만 실망에 빠진 공동체에 다시 용기를 불어넣고 예배를 정화시키고 희망을 던져주면서 메시아의 예언을 절정으로 끌고가 우주 종말의 메시아인 예수 그리스도께 대한 신앙으로 인도한다.

이 제2의 성전도 사라졌지만(기원전 167) 하깨의 성전 개념은 신약 시대의 거룩하고 완전하신 성전인 예수 그리스도께 대한 신앙고백을 우리에게 요구하고 있다. 하깨는 일상의 삶에서 무엇을 먼저 해야 하며 무엇이 우선인지를 가르쳐 구원의 여정에서 하느님과의 관계 개선은 결코 미룰 수 없는 성질의 것이라며 우리에게 새롭게 현재를 직시케 하고 있다.

즈가리야서

1. 시대 배경

본 예언서는 내용상으로 보아서 1-8장과 9-14장이 역사적 배경과 문학 유형상으로 큰 차이를 보여주기 때문에 원(原)즈가리야와 제2 즈가리야로 나누어 시대 배경과 내용을 살펴야 한다.

원(原)즈가리야(1-8장) : 예언자 즈가리야와 직접적인 관련을 맺고 있는 작품이다. 즈가리야는 하깨와 같은 시기에 예언활동을 시작하여(기원전 520년 10~11월경) 하깨보다 더 길게(518년 11월까지) 활동했다.

2. 인 물

그에 대해서 알려진 바가 거의 없다. 그러나 1,1에서 베레기야의 아들이며 이또의 손자라고 소개된다(에즈 5,1; 6,4에는 이또의 아들로 소개됨).

하깨가 종교적인 이상을 불러일으키는 데 헌신했다면(하깨 1,14) 즈가리야는 성실성에 대한 호소를 통해서뿐만 아니라 미래에 대한 약속을 통해서 자기의 역할을 강조하며 이상을 실현시키는 데 최선을 다한 끝없는 소망을 가진 인물이다. 그는 옛 예언자의 정신적 유산을 그대로 물려받아 성전의 역할과 단식문제에 대한 답변 그리고 거룩한 땅과 성성(聖性)에 깊은 관심을 가진 것으로 보아서 사제 가문 출신으로 추정된다(느헤 12,16).

원(原)즈가리야서는 하깨서와 마찬가지로 예언자의 신탁을 보고하는 형식이다. 따라서 그가 활동을 마친 후 집필·편집된 것으로 추정된다.

제2 즈가리야(9-14장): 성전 재건 시대는 이미 과거가 되어 있고 즈루빠벨과 여호수아에 관해서뿐만 아니라 페르샤에 관해서도 아무 언급이 없다. 관심의 초점은 이미 악전고투한 공동체에 머물러 있지 않고 이스라엘보다 넓은 공간을 그려 마지막 시대를 포괄하고 있다. 이렇게 볼 때 설교의 연대를 분명하게 추정할 수 있는 원즈가리야의 산문적인 신탁과는 달리 대부분 시적으로 엮어진 제2 즈가리야는 연대의 추정이 어려울 뿐만 아니라 작자미상의 선집으로 본다. 구구한 연대 추정에서 묵시문학적 경향과 종말론에 역점을 둔 사실로 보아서 기원전 3세기의 작품으로 짐작할 뿐이다.

3. 구 조

제1부	제2부
1-8장 (원즈가리야)	9-14장 (제2 즈가리야)
여덟 가지 환시 격려	종말론적 성격 메시아 시대에 대한 예언

4. 주요 내용

제1부: 원즈가리야 — 여덟 가지의 환시와 격려(1-8장)

일인칭 일기체로 여덟 가지의 연속적인 현시에 덧붙여 사이사이에 예법의 말씀으로 백성들을 격려하고 있는 기원전 520~518년의 설교이다. 이 부분은 메시아에 관해서 점진적으로 전개하면서 회개의 촉구가 따른다. 먼저 예비적 단계에서 시작되어 이스라엘 공동체의 내적 쇄신을 거쳐 마지막으로 완전히 새로 나는 것으로 옮아간다.

1,1-6: 회개를 권유하는 것으로 시작하는 이 부분은 포로 전의 예언들을 기초하여 그때를 회상하게 해준다. 그들의 조상들은 예언자의 경고를 묵살함으로써 무시무시한 결과를 맛보게 되었다. 지금 그 조상들과 예언자들은 사라졌지만 야훼의 영원한 말씀은 지금도 살아서 그들을 줄곧 압도하고 있음을 보여줌으로써 우리가 일상에서 우선적으로 찾아야 할 삶의 의미를 마음으로부터 다시 다듬게 한다.

1,7 - 6,8: 여덟 편의 현시를 보여준다. 첫째에서 셋째까지의 현시들은 메시아적 재건을 위한 준비 단계를 제시하고 있으며, 넷째와 다섯째 현시들은 새로운 공동체의 통치체제에 관계된 것들이다. 나머지 여섯째에서 여덟째까지의 현시들은 궁극적인 재건을 위한 조건들을 상기시키고 있다.

첫째 현시 - 말 탄 네 기사의 현시(1,7-17): 말을 탄 네 사람이 온 세상을 두루 다님은 역사의 주재자이신 하느님이 지상의 모든 사건들을 주도 면밀하게 다스리시고 섭리하심을 그림 그리듯이 상징적으로 표현한다. 이스라엘을 향한 야훼의 진노가 무한정 지연될 수는 없다. 그러나 당신 백성을 위로할 메시지를 함께 가지고 계시어 성전 재건과 함께 유다에도 황금 시대가 올 것이다.

둘째 현시 - 네 개의 뿔과 네 대장장이(2,1-4): 뿔은 유다에 대적하는 강대국을 나타내며, 네 대장장이들이 쳐부술 세력은 열강들에 내려칠 하느님의 징벌로서 유다의 몰락에 책임이 있는 이교도들이 멸망할 것을 의미하며, 나아가 메시아 시대의 서곡을 그린다. 이렇게 즈가리야는 메시아 시대가 점진적으로 이룩됨을 뿌듯이 그려 하느님 안에 사는 자의 삶이 마치 실패한 것처럼 보이는 오늘의 현실에서 더 희망 안에 살 수 있도록 이끌어주고 있다.

셋째 현시 – 하늘의 측량사(2,5-9): 예루살렘 성전 재건을 상징적으로 나타내는 이 부분은 야훼 손수 저들의 성벽이 되어주시면서 당신의 현존을 통해 영광을 보여준다.

넷째 현시 – 하느님의 법정에 선 대사제(3,1-10): 야훼께서 당신 백성을 가엾게 여기시어 여호수아를 정화시켜 그에게 대사제장직을 맡기어 충분한 준비를 갖추게 한다. 나아가 메시아 내림에 대한 대망도 함께 나타난다.

다섯째 현시 – 등잔대와 올리브나무 두 그루(4,1-14): 금 등잔대는 복구된 공동체를 상징하며(묵시 1,20) 두 개의 올리브나무는 총독 즈루빠벨과 제관 여호수아를 상징한다. 이들은 유다에 있어서 세속적 권세와 영적 권세를 대표하는 것들이다(예레 33,14-18).

여섯째 현시 – 저주를 담은 두루마리(5,1-4): 율법을 지키지 않고 하느님을 거스르는 모든 악행자를 뿌리째 뽑는 것을 극적으로 묘사한다(에제 2,9).

일곱째 현시 – 말(Ephah, 한 에파는 36리터 용량) 속에 앉아 있는 여인(5,5-11): 하느님 백성의 표지인 성성(聖性)을 강조하는 이 부분은 날아가는 두루마리로 뿌리뽑힌 유다의 악이 여인으로 의인화되어 나타난다. 이 악이 하느님을 거역하는 반대 세력으로 상징된 바빌론(시날, 바빌론의 옛 이름)으로 추방된다.

즉, 죄를 예루살렘으로부터 벗겨 멀리 치워버리지 않으면 안된다.

여덟째 현시 - 서로 다른 색깔을 가진 네 병거(6,1-8): 하느님의 용의주도하신 계획과 정의가 이룩되며 바빌론에는 하느님의 심판이 내려진다. 이상의 현시들은 묵시문학적 성격을 나타내면서 상징과 관념 그리고 신비한 사건들을 묘사하는데, 여기서는 그 놀라운 신비의 베일을 벗기는 것이 예언자 역할이다. 이는 하느님에게는 구원하실 수 있는 무한한 가능성이 있음을 표현한 것이다.

기타 예언의 말씀들: 이 부분의 현시들은 다음의 예언의 말씀들로 말미암아 단절되고 있다. 이는 예루살렘과 성전에 대한 구원 약속(1,16-17)과 북쪽의 땅에서 떠나라는 외침과 더불어 심판이 이스라엘을 못살게 군 자들에게 떨어질 것이며(2,6-13), 이스라엘의 두 기둥인 여호수아와 즈루빠벨이 임명되어(3,1-8.10; 4,6-10) 새로운 질서가 시온에서 시작될 것이다. 그리고 즈루빠벨의 상징적인 대관은 다윗 왕손이 지닌 메시아적 의의를 강조하여 그는 모든 장애물을 이겨낼 것이며 성전을 완성할 것을 그리고 있다(6,9-15). 그러나 성전이 완성된 후 그가 메시아가 될 것이라는 기대는 실현되지 않았다.

7,1 - 8,23은 단식과 메시아의 구원에 관해서 언급한다.

7,1-14는 금식에 관한 문제로 여기서는 예루살렘의 향락과 유다의 종말을 회고하면서 금식을 하라고 요구한다. 참다운 단식이란 공정한 재판과 신의를 지키는 것이며 그리고 열렬히 서로 사랑함이며 자비심을 가지고 타인을 자기처럼 받아들이라는 것이라고 전언한다.

8장은 메시아 시대를 특징짓는 것을 요소로 하여 시문으로 다시 노래하고 있다(8,1-13). 이 평화로운 메시아 시대에는 세계 만방에서 예루살렘에 계신 만군의 야훼를 만나기 위해 올 것이다.

제2부: 제2 즈가리야 — 종말론적 성격과 메시아 시대에 대한 예언(9,1 - 14,21)

메시아 시대를 다룬 예언 설교집으로 종말론적 성격을 가짐.

전반부(9-11장)와 후반부(12-14장)로 나뉜 이 부분의 각 신탁은 야훼의 말씀이란 신적 표제어가 붙어 있다. 하느님이 역사에 개입하시어 세상을 심판하실 때 당신 백성에게는 영광을 주시나 모든 악인들은 벌하실 획기적인 종말의 큰 날을 내다보고 있다. 이런 특징이 원즈가리야와 연결되어 나타난다 할 수 있겠다.

① **전반부 – 희망과 환멸(9,1 - 11,17)**: 하느님의 결정적인 개입이 선포된다. 모든 민족들은 하느님을 섬김으로써 정화되며 그 다음에라야 하느님 백성의 한 무리로 합류할 수 있다(9,1-8). 이제 이상적 나라를 건설할 임금이신 메시아가 나타날 것이다(9,9-10). 그리고 세상의 인간들은 수많은 전쟁을 치를 것이며 이후 흩어져 있던 모든 백성이 다시 모일 것이다.

목자 없는 양떼처럼 헤매고 고생할 백성을 하느님께서 몸소 보살피시기 위해 오신다(10,1-2). 이런 준비 과정을 거친 뒤 도살의 운명에 처한 양떼를 위해 목자인 메시아가 등장한다. 그는 자신의 계획을 실현시키려 하나 지도자들과 양떼들의 종교적 타락으로 이 착한 목자는 배척당하고 파렴치한 양떼들의 운명을 더 감싸줄 자는 없게 된다(10,3 - 11,17). 이렇듯 거짓된 것이

참을 짓누를 때 마치 진리가 도난당하듯 보이지만 이것은 잠시 뿐이다. 결국 참 생명은 예수님 안에서 영원히 꽃필 것을 준비하여 현세의 갖가지 박해에서 견딜 수 있는 그리스도교적 희망을 암시하고 있다.

② **후반부 – 재건(12,1 – 14,21)**: 모든 것이 막막하고 도무지 희망이라고는 티끌만큼도 보이지 않는 상황에 가슴이 찔린 자의 대속제물은 새로운 정신을 불러일으켜 여명을 펼치고 있다. 갖은 난관을 극복한 후 새롭게 무장된 남은 자들 안에서 정화 작업이 계속되어 끝내는 계약정신으로 집약된다. 그리고 우주 공간의 피조물은 야훼의 다스림 안으로 모여 하느님 나라를 고백하는 가운데 그 나라를 구현할 것이다. 이는 새로운 하느님의 백성인 오늘의 교회가 그리스도 왕직(12-13장)에 참여하면서 그 나라가 구현될 것을 목적으로 하고 있음을 예시한다.

　그리고 이어오는 14장은 비교적 후기 작품으로 추정되지만 "야훼의 날이 이르리라"는 묵시문학적(에제 38-39장) 표현으로 즈가리야서를 결론짓고 있다 하겠다.

5. 원즈가리야의 종교적 가르침

① 신관: 지금까지 예언서들은 하느님께서 예언자들과 말씀하시거나 또는 당신 친히 나타나시어 통교하셨으나, 즈가리야에 나타난 하느님은 지상과는 좀 떨어진 분으로 나타나 현시를 통하여 말씀하시나 그 이상은 드러내보이지 않으신다. 천사의 모습으로 나타난 하느님의 현현은 하느님의 개념을 영성화하기 위한 일련

의 작업을 시도하고 있다. 이제 이스라엘이 갖은 시련 끝에 지금
도 하느님이 우리와 함께 계시는가라는 실존 깊숙한 체험에서 우
러나온 질문과 함께 하느님의 존재(存在)를 확인하고 있다.

② 야훼께서 메시아 시대를 여신다: 백성에게 하느님의 자비를
앞세워 그 징벌이 영원하지 않을 것이라는 위로를 주면서(1,4-
15) 그것을 맞갖게 받아들이기 위해서는 회개해야 한다고 권고
하고(1,3) 메시아 시대의 복지사회를 펼쳐 새 희망을 고취시킨
다. 따라서 성전 건립과 종교의식에 대한 올바른 질서를 정립하
는 것이 구원을 고대하는 구체적인 표현이며 응답이란다. 악인
들은 셈 바칠 때가 왔으며(5,4) 이제 구원은 눈앞에 다가왔다.
모든 인류는 하느님 앞에 합류할 것이며(8,20-23) 두 인물 안에
부각될 새싹인 메시아에 대한 대망이 즈루빠벨이 사라진 뒤 대
사제 여호수아에게 집약되면서 신약의 그리스도 안에 완성되었
음을 예시한다(히브 3장).

6. 제2 즈가리야의 종교적 가르침

여기서는 인간적인 메시아가 아닌 종말론적 메시아를 등장시킨
다. 구원사업을 주관하는 분은 하느님 한 분으로 드러나다가 이
제 특정 인물 속에서도 나타난다(9,9-10). 가난한 자와 의로운
자로 부각되는 메시아는 가슴이 찔린 자(者)로 예시되어 착한
목자상으로 부각된다. 그의 희생제사는 계약 체결을 열매맺게
한다. 이 종은 이사야 52,13 - 53,12의 고통받는 야훼 종의 넷
째 노래와 완전히 일치하는 인물이다. 그의 희생은 회개(12,10)

와 정화(13,1)의 원천이 될 것이며, 이 여정에는 실패와 좌절로 점철됨을 우리에게 명심시키고 있다.

제2 즈가리야의 메시지에 대한 깊은 관심은 다음 세대에 큰 영향을 주었고, 신약의 복음사가들은 예수님의 인물과 그 역할을 묘사하는 데 즈가리야서를 특별히 인용하고 있다(마태 21,4-5; 26,31; 27,9-10; 요한 12,15; 19,37; 마르 14,17).

결국 제2 즈가리야에서 나타난 대속물로서의 예수 그리스도의 생애는 즈가리야에서 다시 돋보이게 하여 우리의 순례적 삶에서 좌절과 고난을 딛고 일어설 수 있게 늘 등대처럼 비추고 있으니 어찌 좌절의 나락으로 떨어질 수 있겠는가.

요 나 서

1. 문학적 특성

요나서는 모든 예언서와 성격을 달리한다. 그러므로 이러한 요나서가 어째서 예언서에 들어오게 되었는지 살펴야 할 것이다. 다른 예언서는 하느님의 말씀이나 신탁 등을 모은 시적 내지 예언적 문체인 데 비해 요나서는 예언 문체가 아니고 요나라는 한 예언자에 관한 이야기로 일종의 미드라쉬(Midrash, 역사 서술적 성격을 띤 설화로서 종교적 교훈을 위한 문학 유형) 문학으로서 전기 보도 형식의 산문체의 특성을 가지고 있다.

이 교훈설화는 비유 이야기처럼 지명·인명·시대 등에 얽매이지 않고 중요한 가르침을 위해 이것들을 자유롭게 구사하고 있으며 근동에 널리 유포된 문학 유형이다. 예를 들면 물고기가 사람을 삼켰다는 이야기는 이스라엘의 주변 국가(바빌론·에집트·아시리아·인도·희랍 등)에서 쉽게 발견된다. 그런데 근동의 설화와 요나서와는 뚜렷한 차이점을 드러낸다. 근동 설화들은 내부로부터 불이라든가 외부로부터 칼 등 어떤 강압적인 요소에 의해 물고기 뱃속에 들어간 사람이 구출되는 데 비해 요나는 기도에 의해 구출되며, 그리고 물고기와 사람 모두 아무런 해도 입지 않고 구원되는 점이다. 이와같이 다른 문화권의 설화들과 비슷하면서도 성서적인 고유한 성격을 나타낸다(다니 3,24 이하).

이상으로 고찰해 볼 때 요나서는 결코 어떤 역사 전기적 의도를 가지고 있지 않으며 이런 형식에 필요한 모든 요소들을 하나도 갖추고 있지 않다. 오히려 이 예언서는 다분히 교훈시라는 문학 유형에 속하며 하느님의 자비는 이스라엘 백성에게만 국한된 것이 아니라 참회한 이방인에게 대해서도 마찬가지로 개방되어 있다는 것을 반복되는 문체를 통해 예언자의 사상을 대변해 주고 있다.

2. 역사성

2열왕 14,25의 예언자 요나(기원전 788~747)가 등장하며 그는 여로보암 2세의 국수주의를 옹호한 인물이다. 그런데 요나서에 나타난 예언자 요나는 그와는 정반대의 성격을 가지고 있다. 그뿐 아니라 아시리아의 조정 일지나 문헌에 요나가 파견되어 니느웨 성읍의 주민들이 회개했다는 기록이 없을 뿐만 아니라 한 사람의 파견으로 그런 집단적 회개도 가능하다고 볼 수 없기 때문에 요나 예언서의 역사적 신빙성은 결여되었다고 오늘날 성서학계는 의견을 모으고 있다.

그러므로 요나서는 역사적 인물 요나를 바탕으로 하여 과거 예언자들의 영향을 받아 백성들의 교육을 위한 의도적인 집필로 교훈을 주는 데 그 목적이 있다 하겠다.

3. 집필 연대

이러한 미드라쉬 문학 유형은 유배 후에 유행한 문학 유형이며 예언서의 주제가 편협한 선민사상에 젖어 이방 민족을 경멸하는 유대인을 향해 그들의 거만을 사정없이 내리치는 경향이 짙다. 그리고 제2 이사야(40-55장)의 보편적 구원사상이 전체 맥락 안에 전제될 뿐만 아니라 기원전 612년에 멸망한 니느웨 도시 이야기를 오랜 과거의 사건처럼 꾸미고 있는 점과 마지막으로 언어의 특징으로 아람어 흔적이 많이 드러나고 있는 점(1,5-7.11) 등으로 보아서 기원전 5세기경에 집필되었다고 추정한다.

4. 사 상

문학적으로 요나서는 예언서로 간주할 수 없다 하여도 포로 후기 예언자들의 순수한 정신이 전체 문맥 안에 흐르고 있다. 여기서 말하는 포로 후의 예언자 정신이란 무한한 하느님에 대한 개념이다. 요나서는 하느님의 위대하심을 제대로 인식하지 못하고 오히려 배타적인 분리주의와 종교적 이기심에 젖어 편협하고 옹졸한 신앙생활을 하는 모든 무리를 향해 규탄하면서 하느님의 무한한 포용성을 펼치고 있다.

그러므로 이 예언서는 하느님의 자비가 인간의 유한한 생각으로는 도저히 다 측량될 수 없으며 하느님의 구원의지는 선택한 민족만이라는 한계를 넘어선다는 사실을 보여주고자 한다. 따라서 이 예언서는 하느님 나라에로의 초대는 모든 인류를 향해 열려져 있다는 것을 지적하여 복음전파의 사명을 명확히 보여주는 동시에 구약에서 복음의 길을 예비하는 역할을 한다고 보겠다.

5. 구 조

첫째 장면(1-2장): 예언자의 도주에 따른 하느님의 책벌과 기적적인 구원에 대한 감사기도.

둘째 장면(3장): 요나가 하느님의 두번째 명령을 받고 니느웨로 가서 설교함.

셋째 장면(4장): 초막에서 하느님과 대화하는 요나는 유치한 불평을 늘어놓는다. 여기서 하느님의 무한한 자비와 요나의 옹졸함이 대비되어 나타난다.

첫째 장면		둘째 장면	셋째 장면
1장	2장	3장	4장
예언자의 도망과 책벌	구원과 기도 - 요나의 회개	두번째 명령을 받고 순종함 - 니느웨에서 설교	요나의 유치한 불평 - 초막에서 하느님과 대화함 - 하느님의 자비는 위대하시고 그에 따른 예언자의 행위에 대한 책망

6. 주요 내용

첫째 장면: 예언자의 도망과 책벌(1-2장)

하느님께서 요나에게 니느웨로 가라고 명령하시자 요나는 하느님의 말씀을 듣지 않고 다르싯으로 가는 배를 타고 도망한다. 그리고 그는 배 밑창에서 태평스레 깊은 잠에 빠진다. 이때 풍랑이 일어 배가 파손 직전에 처하고, 사람들은 누구 때문에 이런 일이 일어났는가를 제비뽑자 요나가 나온다. 이에 요나는 자신이 히브리인으로서 하느님을 피해왔다는 사실을 고백하자 야훼 하느님의 분노 때문에 풍랑이 일었다는 사실이 확인되면서 요나가 제물로 바쳐진다(1장).

여기서 중요한 것은 하느님께서 요나에게 니느웨로 가서 회개를 촉구하라 했으나 그가 다르싯으로 도망했다는 데 있다. 다르싯은 히브리인들에게 있어서 세상에서 가장 먼 도시로 표상되어(시편 48,8) 요나는 하느님을 멀리 떠나 도망했다는 것이며, 니느웨 역시 하느님과 윤리적으로 먼 지방이라는 의미가 함축되어 있다. 이러한 표현이 가능했던 것은 고대 근동의 통속적 신 개념을 어떤 일정한 영토 내에 자기들의 신(神)이 거주하고 있다고 보았기 때문이다. 따라서 요나가 배 밑창에서 깊이 잠들었다는 것도(5절) 하느님으로부터 멀리 떨어져 있다는 것을 의미한다고 보겠다. 나아가 악으로 인하여 세상이 징벌을 받든 말든 자기의 이권을 위해서 유유자적하는 무리를 가리킨다는 것을 간과해서는 아니되겠다.

바다에서의 풍랑은 니느웨가 하느님으로부터 벌받을 만한 악을 저질렀음과 바다와 땅의 주인이신 야훼께서 폭풍으로 말미암아 반항적인 요나의 도피행각이 가로막힘을 나타낸다(시편 139,7-12). 이는 아무도 그분으로부터 도망할 수 없으며 하느님의 제1 원인성(第一原因性)이 이 설화 전편을 통해 강조되고 있다는 점이다.

그리고 9절에서 하느님이 하늘과 땅을 내신 분이심을 고백하면서 자신이 히브리 사람이라고 인정하는 것은, 자신이 이교도가 아니라 출애굽 사건으로 탄생한 하느님의 백성 중의 하나라는 것을 강조하는 동시에 하느님의 편재성을 고백하면서도 땅끝 멀리까지 도망하는 행위 속에 이율배반성을 지적하고 있다. 이 모순은 주님이 자비로우신 하느님이심을 인정하면서도(4,2) 그분이 니느웨 사람들에게 자비를 드러내지 않으시기를 바라는(4,1) 요나 안의 내적 모순을 지적한다. 이는 모든 인간 안에 도사리고 있는 선·악을 지적하면서 내적 투쟁이 불가피함을 일깨워주고 있다 하겠다.

하느님의 모상으로 창조된 인간은 하느님의 거룩함을 끝없이 갈구하면서 그 본향을 향한 여정에서 수없이 투쟁해야 하는 인간의 내적 갈등을 잘 묘사해 준 것이라 하겠다.

1장에서 또 두드러지는 것은 이방인 선원들의 태도다. 선원들은 처음에는 감히 한 생명을 제물로 바치지 못하고 배를 육지에 닿아보려고 무척 애를 쓰지만(13-16절), 그것이 실패하자 하느님의 분노를 가라앉히기 위해 자청한 요나의 충고를 받아들여 그를 바다에 제물로 바치면서도 미리 야훼께 구조해 주시고 죄를 짓지 말게 해주십사고 기도한다. 이 기도는 하느님 앞에 양심의 가책을 느끼지 않고 그분의 뜻에 순종하려는 그들의 마음을 엿볼 수 있다.

이는 이방 선원들의 개종과 하느님에 대한 두려움과 경건함을 보여주는 것이며, 그들의 눈앞에 요나의 운명을 보여준 전능하신 하느님의 진지함과 더불어 명령에 불복종했을 때의 운명을 여실히 보여준 것이다.

2장은 요나가 회개하고 구원된다.

야훼께 심판을 받게 된 예언자는 하느님의 명령에 의해 큰 물고기에 삼켜졌고, 다시 야훼의 명령에 의해 사흘 만에 육지 위에 토해져 구조되는 본 장은 문맥상으로 볼 때 앞뒤 장과 독립된 것으로 본다. 이 부분은 2,1.11로 이야기를 짧게 설명하면서 가운데 부분은 예언자가 구조된 후 감사의 시편을 읊는다. 2,3-10은 시편의 전형적 감사의 기도 형식이다(시편 32,6; 42,8).

감사기도의 도식은 먼저 하느님께 인사드리고 불행중에서 하느님께 호소하면 하느님 손수 구해주시고 이에 따른 종교적 교훈에 이어 성전에 들어가 제물을 바치고 서원으로 끝맺는다. 이렇게 요나는 이스라엘 백성이면 누구나 부를 수 있는 도식에 따른 감사의 노래를 부른다.

그런데 이 시편이 여기에 삽입된 것은 그 상황에 적합하지 않다. 따라서 이 부분은 예언자가 구조된 것은 그가 내적으로 하느님께 굴복했기 때문이라는 것을 입증해 주기 위해 후대에 삽입했을 가능성이 크다. 나아가 요나가 이런 순수기도를 드려야 하는데도 그가 그러지 않았다는 것을 지적하는 동시에, 요나서의 종교성을 부각시켜 하느님을 믿고 신뢰하는 자는 반드시 구원될 뿐 아니라 아무도 그분을 피할 수 없다는 구원관을 짙게 드러낸다.

실제로 요나가 물고기 뱃속에서 사흘 밤낮을 지내다 토해져 나온 상징적 의미는 이스라엘이 유배생활을 하다 야훼의 손에 의해 괴물 바빌론의 입에서 토해져 해방되었음을 나타낸다(예레 51,44). 여기서 유의할 점은 요나가 하느님의 자비로우면서도 단호한 개입 때문에 그 떠나온 곳으로 되돌아간 사실이다.

둘째 장면: 두번째 명령에 순종하여 니느웨에서 설교하는 요나(3장)

요나는 하느님의 두번째 명령에 순종하여 니느웨로 가서 설교하고 니느웨 사람들은 회개한다. 요나는 마음을 조금도 바꾸지 않았지만 단지 하느님을 피할 수 없다는 것을 알았기 때문에 그분의 말씀에 순종한다(1-4절). 이에 이방인 니느웨가 단식하고 베옷을 걸치는 전형적 회개 장면을 연출한다(5-10절). 여기서 요나와 니느웨 사람들이 대조된다. 니느웨 사람들이 중요한 몫을 차지하여 아무리 악하고 하늘을 모르는 이방인이라도 뉘우칠 수 있다는 것과 또 뉘우치면 용서해 주시는 하느님의 관용이 드러난다. 이는 신약의 탕자에 비유되는 전형적인 회개로, 여기에 통회의 중요성이 부각된다.

셋째 장면: 하느님께서 요나에게 사랑을 깨우쳐 주심(4장)

이 부분은 요나서의 결론이자 최절정이다. 하느님께 대한 예언자의 공공연한 반항이 첫번째 위임을 받았을 때 달아날 수밖에 없었던 이유와 함께 드러난다. 하느님께서는 책벌하시려다가도 회개하면 용서하시는 분이시며 회개에 지극히 약하신 분이 바로 하느님이시라고 투덜대면서 크신 분의 자비와 사랑에 대한 불만이 대단하다(1-3절).

요나는 장차 니느웨가 어떻게 될 것인지 보아주겠다는 식으로 교외로 나가 앉았는데 하느님께서 아주까리 그늘을 만들어 주시자 기뻐하다가 나무가 죽자 불만이 머리 끝까지 올라 죽고 싶어지기까지 한다. 이때 하느님께서는 너의 불만에 비기면 내가 어찌 니느웨를 아끼지 않겠느냐고 타이르신다.

특히 9-11절은 저자가 의도한 종교적 핵심이 들어 있다. 여기서 하느님께서는 요나로 하여금 자신의 노여움의 원인을 생각하도록 유도하신다. 요나 예언자나 죽게 된 처지에서 회개하는 니느웨 사람이나 다 똑같이 하느님께는 사랑을 베풀 대상들이며, 심지어 하느님의 동정은 짐승들에게까지 드러난다. 요나는 자기가 하나의 수고도 하지 않은 아주까리, 즉 덧없는 것에 관심을 쏟는다면 하느님께서는 12만(무한수, 인류 전체를 상징)이나 되는 니느웨 사람들을 어찌 동정하지 않겠느냐는 물음으로 선교를 위한 획기적인 요소를 제공한다. 더불어 하느님의 의로우심은 자비와 사랑 안에서만 그 가치가 있다고 일러준다.

7. 종교적 가르침

① **신 중심적 성격**: 폭풍으로 예언자의 죄를 명백히 밝히면서 심판하시는 하느님의 행위에서 그분의 힘과 능력이 드러난다. 그리고 이방인 선원들뿐만 아니라 요나로 하여금 다시 순종케 하시는 힘도, 이방인 대도시가 참회로 화를 면한 것과 화를 내는 예언자로 하여금 자신이 베푸는 자비의 권능을 확신시키는 분 역시 하느님이시다. 그러므로 여기서 예언자의 반항과 죄는 오히려 하느님의 무한하신 자비를 올바로 밝히는 역할을 하고 있다.

② **신약과의 관계**: 예수 그리스도의 수난·죽음·부활을 예표한다(마태 12,38-42; 16,1-4). 구약의 예표와 신약의 성취에 있어서 공통되는 것은 다같이 하느님의 실재이다. 그리스도의 생애를 통해 승리하도록 하시는 분이 바로 요나서에 나타난 하느님이심이 드러난다. 이렇게 요나서는 구원 보편사상과 구원 선교사명, 그리고 회개의 참 모습을 일깨우는 가운데 배타적이고 폐쇄적인 유대 공동체를 겨냥하면서 완고한 무리를 향한 영원한 분의 호소인 것이다.

오바디야서

1. 시대 배경

오바디야서는 전체가 "에돔"에 대한 심판 신탁으로 이뤄져 있다. 에돔은 유다 남부와 사해 일대의 땅으로 에사오의 후손들이 주거하는 곳으로 저들은 야곱 후손들과 형제뻘이다. 그럼에도 불구하고 기원전 587년 유다가 멸망했을 때 고소하게 여기면서 약탈했을 뿐만 아니라 바빌론인들에게서 유다인들을 노예로 사서 이득까지 취한다. 이들의 야비하고 잔혹한 행위의 대가는 반드시 치를 것이라고 고발된다.

따라서 유다의 참회에 잇따른 에돔의 만행이 소상한 점으로 볼 때 본 예언서는 유배 기간중이나 유배 직후에 집필되었을 가능성이 짙다.

2. 인 물

오바디야란 "야훼의 종"이란 의미로서 예언자의 생애에 대해서는 잘 알려진 바 없으나 예언서에 나타난 그의 모습은 열렬한 유다인이며 야훼의 충실한 종으로 역사학도로 추정된다.

그런데 본서의 구조로 볼 때 여러 가지 설이 대두되기도 하나 최근의 연구를 종합해 볼 때 1-18절, 19-21절 사이의 문체나 주제의 상이점으로 보아서 적어도 본 예언에서는 두세 명의 저자에 의한 저술로 학계에서 의견을 모으고 있다.

3. 특 징

신·구약 전체에서 한 장 안에 21절만으로 이루어진 가장 짧은 성서로 니느웨의 멸망을 다룬 "나훔서"처럼 오바디야서도 한 민족인 에돔족을 규탄하는 신탁이다.

　본 예언서는 간결하고 단순한 표현 속에 심오한 의미를 내포하고 있다. 풍유적으로 세상을 비난하고 윤리적으로는 육을 비난하여 메시아가 오시면 육은 정복될 것이며 죄와 심판 그리고 메시아 시대에 누릴 자유에 대한 예언을 자극적이면서도 대조적인 문체로 전달하고 있다.

4. 구 분

제1부	제2부	제3부
1. 1-14(15)	1. 16-18	1. 19-21
에돔에 관한 신탁	시온에 자리잡은 유다에 대한 신탁	이스라엘의 회복

5. 주요 내용

제1부: 에돔에 관한 신탁(1. 1-14〔15〕)

　전체가 보복, 심판이라는 하나의 통일된 사상으로 예루살렘 멸망에 관한 생생한 인상을 준다.

　1-9절은 에돔의 철저한 멸망이 예고된다. 에돔은 산악지대로서 바윗굴이 많고 자연적으로 요새화된 곳이 많아 적의 위협이 있을 때마다 이러한 유리한 자연조건 때문에 위험을 모면하다

보니, 저들은 방자할 대로 방자해져 자만심과 교만이 머리 끝까지 찼다. 그러나 심판은 멀지 않을 것이다.

10-14절은 에돔이 심판받게 된 이유를 든다. 태어날 때부터 반목되던 야곱과 에사오의 역사를 상기시키면서, 다윗 시대부터 이스라엘의 지배를 받아오던 에돔이 기원전 8세기에 독립을 획득한 후 바빌론 시대에는 형제국인 유다를 적대시할 뿐만 아니라 오히려 만행을 저지른 것이 바로 에돔이 죄악이라고 고발된다.

15절의 "너희가 저지른 만큼 너희는 당하리라"란 요약문은 보복 신탁으로 본 예언서의 핵심 구절이다.

제2부: 시온에 자리잡은 유다에 대한 신탁(16-18절)

모든 나라는 임박한 심판을 면치 못하리라.

"너희가 저지른 만큼 너희는 당하리라"(15절)는 동태복수법적 의미 안에 죄악의 결과가 어떠하리라 알려준다.

하느님의 뜻에 어긋난 자는 마지막 한 방울까지 마시고 곤죽이 될 것이며(16절) 더불어 시온에 자리한 유다의 회복이 뒤따른다.

제3부: 이스라엘의 회복(19-21절)

야곱의 후손 중 살아남은 유다인들이 다시 고국으로 돌아와 예전의 소유를 되찾고 그곳에 거처를 정하고 안정될 것이다. 따라서 야훼의 날에 유다는 이웃 변방을 넓히고 보편적인 야훼 왕권을 수립한다고 선포한다.

6. 종교적 가르침

① **오바디야는 구원 예언자의 대변자**: 에돔에 대한 심판과 유다에 대한 구원을 선포할 수 있었던 것은 하느님의 정의에 대한 믿음이다. 국가 종교적 파국에 직면해서도 그 믿음 때문에 꺾이지 않았다. 그는 교만한 자의 종말과 시온에 대한 정열적인 사랑을 고백하는 가운데 절대적 신뢰로 이 모든 것을 수렴할 수 있었다. 이것이 오바디야의 신앙이며 그리스도의 궁극적인 승리에 대한 예고다(묵시 11,5).

② **형제간의 불목과 불화가 있는 곳에 오바디야의 외침은 메아리친다**: 국민 상호간에, 나아가 국가간의 분열과 대립이 있는 곳이면 에돔의 죄악이 거듭 자행되고 있음을 지적한다. 오늘의 사회상 안에 무죄한 자가 설자리를 본 예언서는 대변해 주고 있으며, 정의가 구타당하는 것을 보고도 방관하는 자 또한 에돔의 죄에 동조하는 것이라고 고발한다. 나아가 이웃을 짓밟은 결과로 이득을 취하는 것은 바로 형제의 불행으로 희희낙락하는 철면피한 무리를 향한 오바디야의 고발이 신랄하다. 그런데 그의 고발을 외면해도 하느님은 결코 피할 수 없는 존재로 다가오신다.

요 엘 서

1. 시대 배경과 집필 연대

4장에 불과한 요엘서 내용의 시대 배경 추정은 기원전 9세기부터 3세기까지 의견이 분분하지만 종교적 내지 정치적 상황을 감안할 때 4세기경이 가장 유력하다. 이를 뒷받침하는 것은 첫째, 유다 공동체는 예루살렘 성벽 안에 숨어 살았다는 점(2,7-9). 둘째, 장로와 사제들이 그 공동체의 지도자로 활약하는 반면에 왕에 대한 언급이 전혀 없다는 점(1,2-13; 2,17-17). 셋째, 에즈라·느헤미야 개혁 후에는 사마리아인들이 유다인들을 더 이상 괴롭힐 수 없었기 때문에 사마리아인에 대한 언급이 전혀 없다는 점. 넷째, 유배 이후에 볼 수 있었던 조직화된 경신예식(즈가 7,1-3; 민수 29,7; 요나 3,5-7; 에즈 8,21; 느헤 9,1). 다섯째, 열국의 이름이 아시리아나 바빌론이 아니고 막연히 "이방 국가"라는 점(2,20: 4,2.12). 마지막으로 어휘 사용이 유배 이후의 것일 뿐 아니라 이때의 예언자들의 작품과 통하고 있으며, 특히 묵시문학적 문체가 제2 즈가리야와 매우 가깝다는 점들을 들 수 있다.

2. 인물과 저자

"야훼는 하느님이시다" 또는 "야훼는 엘(EL)이시다"란 의미의 요엘 예언자에 관해서는 1,1의 "브두엘"의 아들이라는 것 외에는 알려진 바 없으나, 첫 부분에 성전 전례를 반영하는 것으로 보아 성전의 경신 예언자 무리 중의 하나로 추정된다. 그는 시적 감각을 가진 깊이있는 종교 사색가임을 예언서를 통해 읽을 수 있다.

　저자설에 대해서도 1-2장과 3-4장의 작품이 서로 현격한 차이를 보이는 점으로 보아 이중 저자설이 대두되기도 했으나 요엘서의 중심 주제인 "야훼의 날"이 다같이 다뤄지는 것으로 보아 학계에서는 단일 저자설을 받아들이고 있다.

3. 문학적인 특징

다른 예언서와 같이 히브리적 특유의 시의 운율과 평행법적 표현을 사용하고 있다. 나아가 구체적으로 상세하게 그 상황을 설명하여 독자들에게 힘있게 다가온다. 이렇게 힘차고 효과적일 수 있었던 것은 직유와 은유를 조화있게 사용했기 때문이다 (1,6; 2,2.6; 2,11.25; 3,13).

　비록 짧은 예언서이지만 강조점은 반복하여 전달하며(1,2-3; 2,2; 2,11.25; 2,19-25) 유사적 평행법으로 메시지의 통일성을 보여준다. 또한 이방인 민족에게 내리는 하느님의 심판과 선민에게 내리는 축복을 강조하기 위해 대조법을 사용한다(1,4-20; 2,19.25; 2,28-21).

4. 구　조

크게 두 부분으로 나눌 수 있다.
제1부(1-2장): 메뚜기떼의 침입과 금식기도로 참회를 호소하며,
　제2부(3-4장): 야훼의 날 묘사로 선택된 이들에게 구원이 보장됨.

제1부: 1-2장	제2부: 3-4장
메뚜기떼: 기근과 참변	야훼의 날: 묵시문학 형식

5. 주요 내용

제1부: 메뚜기떼 — 기근과 참변(1-2장)

추수 때가 다 된 시기에 들녘을 휩쓸고 간 메뚜기떼의 흔적은 비참 바로 그것이었다. 망연자실해하는 백성에게 예언자는 금식기도로 참회의 눈물이 섞인 제사를 올리라고 종용한다.

신뢰할 분은 오직 야훼 한 분뿐이며, 우선적으로 해야 할 것은 마음을 돌리는 일이라고 호소하는 속에 사제들은 참회의 전례를 거행하여 우주적 탄식기도가 바쳐진다(1,13-20).

2장부터는 전망이 훨씬 넓어지면서 메뚜기떼는 야훼의 날에 있을 경고로, 그 종말에 있을 전쟁의 묘사가 재앙 선언과 함께(2,1-11) 회개하지 않을 수 없는 백성들의 입장이 묘사된다(2,15-17). 이에 하느님께서는 회개하는 백성들의 금식기도에 불쌍한 생각이 들어 가슴에 불을 지피는 아픔으로 용서해 주신다(2,18-20).

이에 백성들은 야훼께서 큰일을 이루신 것을 보고 감사의 기도를 읊조린다(2,21-23). 하느님께서 부흥시키겠다는 신탁에 따라 반드시 도움을 받을 수 있다는 확신 안에서 저들의 하느님은 야훼밖에 없다고 노래한다(2,24-27).

이렇게 언제나 우리의 힘이 되어주시는 야훼의 손길은 항상 있건만 그것을 읽을 수 없는 것은 우리의 어리석음으로 빚어진 결과라는 것을 요엘서는 가르친다.

제2부: 야훼의 날(3-4장)

새로운 시대와 야훼의 날에 대한 선포가 그림처럼 묘사된다. 이제부터 묵시문학적 환경으로 옮기고 있다. 하느님 백성의 영역에 든 모든 이에게 하느님의 영이 내린다고 선포한다(3,1; 사도 2장). 여기서 "늙은이들은 꿈을 꾸고 젊은이들은 환상을 보리라"(1절)의 꿈과 환상은 계시의 도구로서 이를 통해 당신의 뜻을 또 전달하신다.

하느님의 영이 내릴 때 무서운 우주적 징표가 나타날 것이며(3,3-4), 이때 구원은 예루살렘의 성전에서 주님을 부르는 자들에게 국한되고 있다(3,5). 이 예언은 성령강림의 날을 최초로 언급한 것이나 신약 시대의 성령강림은 이제 구원의 한계를 없애고 보편화하였다.

하느님은 당신 축복으로 모든 이들에게 문을 활짝 열어주셨다. 사도 베드로는 오순절 설교에서 요엘서를 인용하여(3,1-5) 하느님의 영이 모든 사람에게 임할 것이라 했다(사도 2,17-21). 이는 인용한 요엘서의 정신보다 범위가 훨씬 더 넓어져 하느님의 영이 이스라엘이 아닌 사람에게까지 임하리란 것으로(사도 2,39) 신약성경이 구약성경을 완성했다는 점에서 요엘이 예언자로서 공헌한 가장 큰 점이라 하겠다.

4장은 만국에 대한 심판으로 유명한 여호사밧 골짜기에 이방 국가들을 불러모아 야훼께서 심판하실 것으로(1-8절), 골짜기는 지도상에 명기되지 않은 상상적이며 묵시문학적인 의미로 보인다. 초대교회 신도들은 이 대목을 공심판에 대한 것으로 받아들여 즐겨 봉독하기도 했다.

이제 이 심판과 더불어 대전쟁이 일어난다는 예고에 만방이 야훼 앞으로 소환된다. 이렇게 야훼의 날이 몰고올 우주적 재앙이 묘사되면서 이방 민족을 심판하는 것이 추수와 포도주 담는 것으로 비유된다(9-16절). 야훼는 살아남은 이스라엘과 계약을 맺으며 예루살렘이 다시는 침공을 받는 일이 없게 된다고 보장하신다(17절).

18절 이하에서는 회복된 이스라엘의 종말론적 행복이 절마다 배어 있어 영원한 행복에 대한 우리네 소망에 한층 더 갈증을 느끼게 해주고 있다.

이상으로 볼 때 첫 부분인(1-2장) 메뚜기떼의 침입은 상징과 묵시문학적 성격을 넘어 야훼의 날을 소개하는 출발점으로 드러나며, 둘째 부분은(3-4장) 이 야훼의 날에 대한 예언자의 비전이 전세계로 확대되면서 우리 누구도 하느님의 심판을 피할 수 없다는 끝점을 일깨운다.

6. 종교적 가르침

① **결정적인 구원을 위해 역사에 개입해 오시는 하느님**: 먼저 자연을 통해 축복과 저주를 주시며 "야훼의 날"을 소개하는 데 심혼을 바치는 예언자는 현존하는 체제에 안주하려는 무사안일주의에 경종을 울리면서 하느님 친히 역사에 개입해 오심을 알린다. 이는 너희가 심저로부터 회개하여 그리스도화하지 않으면 안된다는 재촉이 현실적으로 부각된 점이라고 보겠다.

요엘의 구세사에 대한 넓은 시야는 오늘의 기독인에게도 큰 희망을 제공하고 있다. 그의 구원 신탁의 전표는 회개하여 구원의 은총 안에 있는 자는 하느님의 창조적인 힘과 그분의 현존

안에 사는 백성임을 확인시켜 준다. 그러므로 그리스도께 전 목
숨을 걸고 현재를 받아들여야 하는 내적으로 가난한 모든 이들
에게 커다란 위로를 주고 있다.

② **성령을 통해 하느님 안에 머물 수 있는 은총적 삶**: 하느
님의 자비로 내려진 성령 때문에 은혜로운 삶이 허락된다. 이제
성령을 받은 자들은 하느님의 뜻이 무엇인지 알 수 있으며 하느
님을 전할 능력 또한 함께 받았다. 사도행전을 통해서 보면 사
도 베드로는 성령강림의 사건을 요엘서에 따라 묘사한다(사도
2,17-24; 요엘 3,1-5).

요엘서는 우리의 일상 안에서 겪게 되는 갖가지 시련을 견디
어 냄으로써 자신을 비우는 법을 배우게 되며 동시에 그리스도
의 생애가 교훈하는 하느님께로의 귀의를 체득하게 된다고 가르
친다.

우리는 성령만이 우리 안에 그리스도의 현존을 지속시킬 수
있다는 것을 요엘서를 통해 재확인하면서 더불어 묵시문학적 특
성 안에 성령강림의 예언자로 지금이라도 하느님과의 관계를 갱
신하라는 예언자의 목소리를 외면하지 않을 때 하느님 안에 머
무는 삶임을 직시할 수 있을 것이다.

말라기서

말라기서는 12 소예언서 중 마지막 예언서로 하느님의 대변자의 활약이 여기서 끝나면서 곧 신약 시대가 온다는 예시를 주고 있다.

1. 시대 배경

예언자가 활약한 시대는 대개 기원전 460년으로 추정한다. 이때는 하깨와 즈가리야의 설교로 불붙었던 종교적 분위기는(50~60년 후) 과거지사로 타락한 예배행위와 야훼 하느님께 대한 불경과 불신이 만연하여 종교사회가 타락의 수렁으로 깊이 빠질 때다. 포로 이후 시대의 쓰라린 좌절감은 이스라엘의 심혼 위에 어떤 흔적을 만들어 주었다. 많은 경건한 사람들에게는 귀환이 곧 영광스러운 메시아 시대가 박두한 것처럼 기대되었다(이사 49,8-26; 41,18-19; 예레 23,5-6; 에제 34,26-30). 그러나 실상은 그렇지 못했다. 귀환의 현실은 페르샤 제국 안에 아주 작은 지방에 불과한 것이었고 포로 뒤끝에 당해야 하는 비참을 피할 수 없는 현실이었다.

이러한 상황이 해를 거듭할수록 축적되자 귀환 초기에 가졌던 전설 같은 희망이 짓밟히면서 냉소주의와 불경한 종교사회적 요소가 누적되었다가 암울한 시대를 초래하게 되었다는 것은 별로 이상할 것이 없는 결과다. 이들은 "진정 정의로운 하느님이 계신가"고 반문하면서 "왜 우리는 지금도 시나이 계약의 하느님의 명령에 순종해야 하는가"고 의문을 제기한다(2,17; 3,14). 설상가상으로 백성을 이끌어갈 제관마저 그 순수성을 잃고 하느님께 바치는 제물을 아까워하면서 불의를 자행하는 백성들과 한 통속이 되었다.

말라기가 공격한 이러한 악폐들이 바로 에즈라와 느헤미야에 의해 시작된 개혁의 대상임을 성서 본문은 제시하고 있다(1,6-14; 느헤 13,1-10.29).

이렇게 영적 쇠퇴기로 빠져들어 가는 시대적 배경을 안고 예언자는 하느님의 사자로 나타났으니 "낙담의 시대를 위한 메시지"라고 본 예언서를 부를 때 예언서가 주고자 하는 본 의미를 더 충분히 이해할 수 있을 것이다.

2. 인 물

"나의 사자"(3,1)란 의미의 이름을 가진 말라기가 역사상의 실재 인물인지조차 모호하며, 유다 전승에서는 말라기를 에즈라와 동일한 인물로 보기도 한다. 왜냐하면 그가 제시하는 종교적 이상이나 시대적 상황이 비슷하기 때문이다.

3. 주요 사상

예언자의 설교는 독특한 대화 형식이다. 먼저 듣는 사람들의 이견(異見)을 말한 다음 이를 반박하는 형식이다. 그리고 아모스처럼 솔직담백한 어조로 계약정신을 상기시킨다. 부패한 제관직과(1,6-14; 느헤 13,1-10) 모세의 혼인법을 가벼이 여겨 혼종혼이 성행했고(2,1-11; 에즈 10,1-12; 느헤 13,23) 성전 예배를 위해서 바치는 11조의 허실에 대한 지탄(3,8-9; 느헤 10,32; 13,10-22) 등 참 예배는 마음으로부터 우러나와야 하며 형식적으로 전례에 참여하는 신도들의 안이한 태도를 예언자는 마음이 빠진 가증스런 행위라고 비판하여 전례를 통해 주님의 몸을 모시는 우리들의 마음이 어떠한지 반성케 하고 있다.

또한 하느님과 이웃 사랑의 결실인 사회정의를 아모스처럼 백성들을 향하여 호소하는 가운데 참 사랑이 무엇인지를 반문케 한다.

미가와 이사야의 설교가 히즈키야 왕의 종교개혁을 미리 준비하고(2역대 29-31장) 스바니야의 설교가 요시아의 과감한 개혁의 길(2역대 34-35장)을 터놓은 것처럼, 말라기의 설교는 에즈라와 느헤미야의 개혁을 터놓았다 할 수 있다. 그러므로 말라기의 촉구들을 들은 다음 에즈라 7-10장과 느헤미야 1-13장을 읽도록 권유한다.

4. 구 조

예언자의 질책과 청중의 항변 그리고 예언자의 응답순으로 교리적 논쟁의 경향을 띠면서 무질서하게 배열되어 있다. 여섯 개의 설교와 하나의 발문으로 된 본 예언서는 크게 두 부분으로 나눌 수 있다.

제1부(1,1 - 2,16): 제관들과 백성들의 죄악.

제2부(2,17 - 3,24): 심판하시고 벌하시고 상을 주시기 위해 오시는 하느님.

제1부			제2부			
1,1 - 2,16			2,17 -3,24			
1,1-5	1,6 - 2,9	2,10-16	2,17 - 3,5	3,6-12	3,13-21	3,22-24
도입부	사제들을 향한 경고	잡혼과 이혼	야훼의 날	종교세	축복과 저주	결 문

5. 주요 내용

제1부: 제관들과 백성들의 죄악(1,1 - 2,16)

① 도입부(1,1-5)는 이스라엘이 무슨 자격이나 조건을 갖추어서가 아니라 순전히 거저 주시는 하느님의 사랑이 강조된다. 그러므로 거저 받았으니 거저 주라 하시면서 백성들의 비관주의를 책하시는 가운데 무한하신 하느님의 사랑이 각별히 변호되고 있다(느헤 5,1-6).

② 사제들을 향한 경고(1,6 - 2,9): 제관들이 제물을 경시했기 때문에 하느님은 그 제물을 거부하시는 한편 만민들이 깨끗하고 거룩한 제사를 바칠 수 있도록(1,11) 해주실 것이라고 약속하신다(느헤 13,1-14). 나아가 백성들에게 하느님의 법을 가르치면서 합당한 제사를 드려야 할 제관들의 게으름과 그 성의 없고 부패한 태도를 신랄히 지적하여 자기 직위에 맞갖은 행위를 하도록 촉구한다(2,9; 신명 18,1-8; 33,8-11).

이 예언의 배경에는 그 당시 병폐였던 예배 경시 풍조를 꾸짖으면서 세상 어디서나 향기롭고 거룩히 올릴 수 있는 예배는 메시아 시대의 제사임을 예시한다. "깨끗한 제물, 티없는 제물"(미사성제의 감사기도 중에서).

③ 잡혼과 이혼(2,10-16): 이방인과의 혼종혼과(2,10-12) 밥 먹듯 하는 이혼(2,13-16)은 바로 신성한 결혼을 모독한 행위이며 하느님을 배신하는 행위라고(에즈 9,1-2; 10,14-43; 느헤 10,28-30; 13,23-31) 포문을 여는 것은 바로 오늘의 세대가 저지르고 있는 무분별한 결혼과 이혼, 나아가 산아제한에 따른 태아살해를 자행하면서도 무감각한 우리를 두고 하신 하느님의 목소리가 아닐까!

제2부: 상선벌악을 위해 오시는 하느님(2,17 - 3,24)

① 야훼의 날에 대한 경고(2,17 - 3,5): 불의가 자행되는 풍토 속에서도 야훼의 법대로 살아가는 가난한 자들에게 당신의 날과 특사를 예고해 주시는 응답이다. 예언자는 구약에서 특사 이야기를 한 유일한 예언자로 신약 시대가 다가올 조짐을 보여준다. 복음사가들은 그 특사를 세례자 요한으로 보고 있음을 주지시킨다(마태 11,14; 17,9-13; 루가 1,17.76; 7,27; 마르 1,2).

② 종교세(3,6-12): 11조 헌납은 백성들이 당하고 있는 재앙을 면해주리라. 여기서 11조 헌납의 정신을 교훈하는데, 즉 11조를 바치는 자세, 아까워하지 말고 하느님의 소출을 하느님께 도로 바칠 수 있는 정화된 마음으로부터의 봉헌이 얼마나 소중한가를 일깨운다.

③ 징벌과 축복으로 인과응보 문제(3,13-21): 의인과 악인을 뚜렷이 구별하고 죽음 후에 따른 상벌을 언급하여 일상을 보듬게 한다. 눈에 보이지 않는 하느님의 법은 우리 주변에 산재해 있다. 이웃과 나의 양심을 통해 그리고 우주의 대법칙과 대자연

의 위력을 통해 하느님의 법을 읽을 수 있는 눈길이 얼마나 복된 것인지를 보여준다.

④ 마무리(3, 22-24): "기억하라"의 신명기적 용어를 그대로 빌리고 있다. 이는 에즈라의 사명이 반드시 성취되어야 한다는 의미에서 첨가된 것으로 보고 있다.

모세의 율법을 강조하면서(22절) 무명의 사자(3, 1)로 나타난 인물을 엘리야와 동일시하며, 그는 메시아의 도래를 준비시키기 위해 사회질서를 바로잡은 예언자로 예수님 친히 정확히 해석해 주셨다(마르 9, 11).

이렇게 말라기는 구약 최후의 예언자로 예언자보다 더 훌륭한 야훼의 얼을 입은 사람인 세례자 요한에게 바톤을 넘기고 있음을 주지시킨다(루가 7, 26-27).

6. 종교적 가르침

① **사제와 백성들의 생활 법규를 갱신하라**: 예언자는 거룩하신 하느님의 백성답게 처신하라고 엄포한다. 그는 고대 예언자들이 가졌던 권위를 더 이상 가지지 않으면서도 그가 가진 정력으로 자라나고 있는 불신을 배척케 하면서 그 불신이 바로 하느님으로부터 소외되는 불신임을 지적해 준다(3, 14 이하).

② **결혼의 신성성과 혼인성사 신학에 기초를 놓았다**: 신도들끼리의 혼배는 바로 순수한 야훼 신앙을 보존하는 길이며 창세기 2장의 가르침과 연결하여 신약에서의 결혼의 불가해소성과 일부일처제에 대한 가르침을 준비시켰다.

③ **메시아에 대한 대망**: 그리스도 오심을 준비시켜 준다(마태 17,1-8). 이때는 하깨와 즈가리야 시대에 걸었던 메시아 대망이 다소 힘을 잃고 있던 시기였으므로 다시 백성들의 마음 속에 그 대망을 불붙여 준다.

④ **야훼의 날을 준비시킨다**: 갑자기 다가올 야훼의 날에 대비하여 언제라도 응답드릴 수 있는 자세로 임하라고 재촉한다.

⑤ **참 예배를 촉구하는 가운데 가족 공동체를 갈구하게 한다**: 오늘의 그리스도인들에게 하느님과 이웃 관계를 개선하여 책임감있는 교회 공동체를 이룰 뿐 아니라 예배를 쇄신하여 마음으로부터 전례에 동참하여 개인생활의 새로운 면모를 보이라고 채찍질한다. 이로써 모든 인간의 생명을 존중하고(2,15) 엘리야와 모세처럼 선함을 확신시켜 회개에 따른 실행하는 신앙인으로서 열매를 맺으라고 우리들의 마음을 재촉해 주고 있다.

참고 문헌

The Jerusalem Bible, Doubleday 1996

The Jerome Biblical Commentary, Englewood Cliffs, N.J. 1968 (10판)

John D. W. Watts, Word Biblical Commentary (24-25), *Isaiah*, Word Books 1985

Peter C. Craigie Page – H. Kelley Joel – F. Drinkard, JR, W. B. C. (26-27), *Jeremiah*, Word Books 1991

William H. Brownlee, W. B. C. (28-29), *Ezekiel*, Word Books 1986; 1990

Douglas Stuart, W. B. C. (31), *Hosea-Jonah*, Word Books 1987

Ralph L. Smith W. B. C. (32), *Micah-Malachi*, Word Books 1984

The Anchor Biblical Dictionary, I-VI, Doubleday 1992

Otto Kaiser, 국제성서주석 20 (1-3), 이사야(I. II. III), 한국신학연구소 1989

John Bright, 국제성서주석 21, 예레미야, 한국신학연구소 1985

Walter Eichrodt, 국제성서주석 23, 에제키엘, 한국신학연구소 1991

Artur Weiser, 국제성서주석 25, 호세아, 요엘, 아모스, 한국신학연구소 1992

Karl Elliger, 국제성서주석 25, 즈가리야, 한국신학연구소 1992

Artur Weiser, 국제성서주석 28, 오바디야, 요나, 미가, 한국신학연구소 1985

Karl Elliger, 국제성서주석 28, 나훔, 하바꾹, 스바니야, 하깨, 말라기, 한국신학연구소 1985

R. F. MaCaslin, S.J., 호세아, 미가, 가톨릭출판사 1977

R. F. MaCaslin, S.J., 요엘, 아모스, 하깨, 말라기, 성바오로출판사 1979

Peter F. Ellis, 유다의 예언자들, 분도출판사 1971

Bernhard W. Andeson, 구약성서의 이해 II. III, 성바오로출판사 1983

Arnold B. Rhodes, 성서해설, 대한기독교출판사 1977(초판); 1993 (19판)

C. F. Whitley, 예언자들의 중심 사상, 성바오로출판사 1982

Norman K. Gottwald, 히브리 성서 1. 2(사회 문학적 연구), 1987 (초판); 1988(2판)

서인석, 오늘의 구약성서 연구, 성바오로출판사 1984

Neal M. Flanagan, O.S.M., 구원의 역사, 가톨릭출판사 1985

E. Cavaignac P. Gretot J. Briend, 성서의 역사적 배경, 성바오로출판사 1981

Jesus-Maria Asurmendi, 예언자 에제키엘, 가톨릭출판사 1992

Les Editions Du Cerf, 성서신학사전, 광주 가톨릭 전망편집부 1984

류형기, 성서주해 II, 기독교 대한 감리교 총리원 출판부 1965(초판); 1969(3판)

Claus Westermann, 성서입문, 한국신학연구소 1975(초판); 1983 (6판)

Angelo primo Gironi 외, 구약성서 중급(3), 성바오로출판사 1982

유다와 이스라엘 왕조 연대표

1030-1010	사울		
1010-970	다윗	이스보셋	
972-933	솔로몬		

유다 왕조		이스라엘 왕조	
933-916	르호보암	933-911	여로보암 1세
915-913	아비얌	911-910	나답
912-871	아사	910-887	바아사
		887-886	엘라
		886	지므리
		886	티브니
		886-875	오므리
870-846	여호사밧: 섭정 → 즉위	875-853	아합: 섭정 → 즉위
848-841	여호람: 섭정 → 즉위	853-852	아하지야
841	아하지야: 이스라엘의 여호람과 더불어 예후에게 피살당함	852-841	여호람
841-835	아달리야의 천하: 아합의 딸로 여호람의 왕비	841-814	예후
835-796	요아스	814-803	여호아하즈: 섭정 → 즉위
796-782	아마지야: 섭정 → 즉위	803-787	여호아스
781-740	우찌야: 아자리야라고도 함		
740-735	요담: 섭정	787-747	여로보암 2세: 섭정 → 즉위
		747	즈가리야
		747-746	살룸
735-716	아하즈: 섭정 → 즉위	746-737	므나헴
716-687	히즈키야	736-735	브가히야
		735-732	베가
		732-724	호세아

B.C. 721년 사마리아 함락 — 이스라엘 왕국 멸망

687-642	므나쎄(Manasseh)
642-640	아몬(Amon)
640-609	요시아(Josiah)
609	여호아하즈(Jehoahaz)
609-598	여호야킴(Jehoiakim)
598-597	여호야긴(Jehoiachin)
597-587	시드키야(Zedekiah): 아브달 9일 예루살렘 함락

저술 예언자들의 활동 연대표

국제정세	이스라엘 왕조	예언자	유다 왕조	예언자	
				대예언자	소예언자
		아모스 호세아			
디글랏빌레셀 3세 (747-727) 반아시리아 동맹 사르곤 2세 (722-705)	사마리아 함락 (722-721)			제1 이사야 (1-39장)	미가
산헤립 (704-681)			히즈키야 (716-687)	예레미야	
			요시아 (640-609)		스바니야 나훔 하바꾹
니느웨 함락 (612) 느부갓네살 (604-562)			예루살렘 함락 (587)	에제키엘 제2 이사야 (40-55장)	
고레스 (551-529)			바빌론 유배	제3 이사야 (56-66장)	
히브리인 귀환 칙령 (538) 다리우스 1세 (522-486)			예루살렘 재건 성전 재건		하깨 즈가리야 오바디아 요엘
알렉산더 대왕 (333-323)					말라기 요나
안티오쿠스 에피파네스 (175-164)			마카베오 시대	다니엘	

고대 근동 및 성서 세계 연대표

1. 족장시대 이전

선사시대
인류출현
석기문화

기원전

400000	구석기시대 말기: 티베리아 호수 근방 "우베이디에"에 사람이 산 흔적이 있다
9000	집을 짓고 살기 시작
7000	신석기시대 초기: 예리고에 성곽도시 건설
4500	신석기시대 말기: 도자기 생산
3600	하솔 문화: 구리 생산 시작

역사시대   3500

메소포타미아: 수메르, 아카드
왕국, 설형문자

에집트: 고왕국 창건, 수도는   3100
멤피스, 상형문자

2900   청동기 초기(2900-2200).
여러 도시 출현.

거대한 피라미드들이 건설됨
(2600-2500)

2. 족장시대

2200	청동기 초기 끝에서 청동기 중기까지 (2200–1900)

에집트:
중왕국(2100–1730).
저주 문헌

메소포타미아:
우르 제3 왕조(2100–2000)
아모리인들의 도래와 정착

메소포타미아: 1900년경 바빌론 제1왕조 창시, 함무라비 대왕(1792–1750)이 법전 선포	**1900** 청동기 중기 I(1900–1800)
아트라 하시스 신화, 길가메쉬 서사시	**1800** 청동기 중기 II(1800–1550) 1800년경 아브라함 일가가 메소포타미아에서 가나안으로 이주하다(창세 12장)
에집트: 중왕국과 신왕국 사이에 힉소스족이 에집트를 정복하다 (1730–1550). 수도는 타니스	**1700** 이스라엘 씨족이 에집트로 이주하다

3. 모세 ― 여호수아

에집트: 신왕국(1550-1070), 1470- 1440년에 툿모시스 3세가 여러번 가나안을 정복하다	**1550**	청동기 말기 I(1550-1400) 다아낙 서판
아멘호텝 4세(= 아크나톤, 1363-1347)가 테베에서 텔 엘 아마르나로 천도 툿안크아몬(1334-1325) 요절	**1400**	청동기 말기 II(1400-1200) 엘 아마르나 서간집에서 "하피루" 부족, 예루살렘 임금 "합두헤바" 언급
히타이트(헷): 신왕국(1450-1090) 우가리트(= 라스샤므라) 문헌		
에집트(신왕국의 19왕조): 세토스 1세(1317-1304). 라므세스 2세(1304-1238)는 히타이트 신왕국과 교전, 화친하다	**1300**	에집트군, 가나안에 주둔하다(벳샨 비석) 피라미드 건설에 히브리인들이 부역하다(출애 1,11)
메르넵타(1238-1209)가 재위 5년에 세운 비석에 "이스라엘" 무리를 쳐부수었다는 비문이 있다	**1250**	1250-1230년 사이에 모세와 히브리인들이 에집트에서 달아나다. 시나이 산에서의 율법 1230-1220년경 히브리인들이 가나안으로 들어가다. 더러는 먼저 남부로 잡입하고, 대다수는 나중에 여호수아와 함께 예리고를 거처 중부로 침투하다

4. 판관시대 왕정 초기

에집트(20왕조): 라므세스 3세 (1194-1163)가 불레셋인들을 포함하여 "바다의 백성들"을 제압하다	**1200**	철기, 전기(1200-900) 불레셋인들이 라므세스 3세에게 눌려 가나안 남쪽 해안에 정착하다 판관들 시대(1200-1030) 1130년경 즈불룬과 납달리 지파들이 다아낙에서 가나안군 사령관 시스라를 죽이다(판관 4-5장)
메소포타미아: 디글랏빌레셀 1세(1115-1077) 때 아시리아는 강력했으나 후에 아람인들이 침투하여 그 세력이 약해지다	**1100**	
아람인들이 여러 왕국을 세우다 (다마스커스, 소바, 하밧, 한때 는 바빌론)		
에집트(21왕조, 1085-945) 수도는 델타 지역의 타니스 테베의 제관들 세력은 강해지고 타니스의 왕들 세력은 약해지다	**1050**	1050년경 아벡에서 불레셋군이 이스라엘군을 무찌르다. 그 소식을 듣고 실로의 제관 엘리가 충격으로 죽다(1사무 4장) 1040년경부터 사무엘이 예언자·사제·판관으로 활약하다 초대 왕 사울(1030-1010년경). 사울과 왕자들이 길보아 산에서 불레셋군과 싸우다 모두 전사하다(1사무 28; 31장)
파라오 시아몬(1000-984)	**1000**	2대 왕 다윗(1010-970년경). 처음엔 우다 지방의 임금, 나중엔 이스라엘 전역의 임금이 되다 1000년경에는 예루살렘을 점령하여 이스라엘의 수도로 삼았고, 영토를 최대한 확장하다(2사무 8장)
르손이 다마스커스의 왕이 되다 (1열왕 11,23) 파라오 프스센네스 2세(984-950)		
	950	3대 왕 솔로몬(972년경-933). 치세 제 4년에 예루살렘 성전 건축을 시작하여 재 11년에 완공하다(1열왕 6,1.37-38). 솔로몬 성전은 587년에 파괴된다

5. 남 · 북 왕국 시대(933-721/722)

	950	이스라엘(북왕국)	유다(남왕국)
에집트(22왕조, 950-730): 시삭 1세(950-929), 팔레스티나 원정(1열왕 14,25-26; 2역대 12,2-12; 므기또 비석)			철기 후기 (900-600년경)
		여로보암 1세 (933-911)가 북부에 이스라엘 왕국을 세우다. 세겜, 브누엘, 디르사 순으로 도읍을 정하다. 예루살렘 성전 대신 단, 베델에 성전을 짓다.	르호보암(933-916) 즉위 5년에 유다를 침략한 시삭 1세에게 조공을 바치다
다마스커스에서는 벤하닷 1세가 아람 왕국을 통치하다	900	나답(911-910) 바아사(910-887) 엘라(887-886) 지므리는 7일간 통치하다. 오므리(886-875)는 디르사에서 사마리아로 천도	아비얌(915-913) 아사(912-871)는 이스라엘을 누르려고 벤하닷 1세와 동맹을 맺다
아시리아: 아슈르나시르팔 2세(883-859) 살마네셀 3세(858-824)가 근동을 침공하자, 이스라엘 · 유다 등 여러 근동 소국은 동맹을 맺고 853년 카르카르 전투에서 아시리아군을 물리치다		아합(875-853)은 시돈 왕녀 이세벨과 결혼하고 바알 우상을 섬기다가 엘리야 예언자의 꾸중을 듣다(1열왕 16,29 - 18,46). 여호사밧과 동맹을 맺고 아람인들과 싸우다가 패하다(1열왕 22장)	여호사밧(870-846)은 이스라엘 왕 아합과 동맹을 맺고 아람인들과 싸우다

	850	아하지야(853-852)	
모압 왕 메사가 840년경 세운 비석에 이스라엘을 이겼다고 주장하다		여호람(852-841)은 유다 왕과 함께 모압으로 원정 가서 모압 왕 메사와 겨루다(2열왕 3장) 이 무렵부터 800년경까지 엘리사 예언자 활약	여호람(848-841)은 이스라엘 왕 아합의 딸 아달리야와 결혼
다마스커스에서 궁정 대신이던 하자엘이 벤하닷 2세 왕을 죽이고 스스로 왕이 되다(2열왕 8,7-15). 841년 아시리아 왕 살마네셀 3세에게 지다		예후(841-814)는 이스라엘 왕 여호람과 유다 왕 아하지야를 죽이고 이스라엘 왕이 되다(2열왕 9,14-37). 다마스커스의 아람 왕 하자엘에게 요르단 강 동부 땅을 빼앗기고, 아시리아 왕 살마네셀 3세에게 조공을 바치다	아하지야(841)는 예후에게 살해되다 아달리야(841-835)는 자기 아들 아하지야 왕이 예후에게 살해되자 왕권을 탈취하다 (2열왕 11,1-3) 요아스(835-796)는 아하지야의 아들. 제관들이 아달리야 여왕을 죽이자 일곱 살에 즉위하다(2열왕 11,4-20). 그도
다마스커스에서 벤하닷 3세 통치 아시리아의 왕 아닷니라리 3세 (810-783)가 803년 아람 왕국을 누르다	850	여호아하즈(814-803)는 예후의 아들. 아람 왕국의 하자엘과 벤하닷 3세에게 눌리다	신하들에게 살해되다(2열왕 12,20-22)

783-745년에 아시리아 세력 약화	**800** **750** **800**	여호아스(803-787)는 여호아하즈의 아들, 아람 왕 벤하닷 3세를 쳐부수고(2열왕 13,14-25), 유다 왕 아마지야를 벳세메스 전투에서 사로잡다(2열왕 14,8-15: 2역대 25,17-24)	아마지야(796-782)는 라기스에서 반군에게 살해되다(2열왕 14,18-20 = 2역대 25,26-28)
다마스커스에서는 르신이 아람 왕으로 통치. 아시리아에서는 디글랏빌레셀 3세 통치(747-727). 아람 왕 르신과 이스라엘 왕 베가의 동맹군을 쳐부수고 유다 왕 아하즈를 보호하다 729년 바빌론을 점령한 후에는 "불"이라고도 칭하다		여로보암 2세(787-747)는 영토를 넓히고 번영을 이룩했으나 사회 불의가 심해 아모스 예언자의 비난을 받다. 아모스에 이어 호세아 예언자 활약 즈가리야(747년 6개월 통치 후 살해) 살룸(747-746) 므나헴(746-737)은 737년 아시리아의 디글랏빌레셀 3세에게 조공을 바치다 브가히야(736-735)	우찌야(781-740)가 나병에 걸려 그의 아들 요담이 750년부터 정무를 보다
			요담(740-735) 통치 때 이사야와 미가 예언자가 활약하다
		베가(735-732)는	아하즈(735-716?)

	르신과 동맹을 맺고 아하즈를 치려다 오히려 다글랏 빌레셀 3세에게 일부 영토를 잃다	는 베가와 르신 동맹군에게 밀리자 아시리아에 원조 요청. 임마누엘 예언(이사 7장) 728년경부터 히즈키야는 부왕 아하즈를 도와 정무를 보다
샬마네셀 5세(726-722)	호세아(732-724)가 아시리아 왕 샬마네셀 5세를 배반하고 에집트와 손을 잡으려 하다	
사르곤 2세(722-705)	샬마네셀이 사마리아를 3년간 포위하고, 721년 그 아들 사르곤 2세가 사마리아를 점령해 이스라엘을 멸망시키다(2열왕 17,1-6). 이스라엘인들은 메소포타미아로 끌려가고 메소포타미아인들이 이스라엘로 이주하다	

6. 유다 왕국 후반기(721-587)

사르곤 2세가 711년 유다의 항구도시 아스돗을 점령하다
721-711년 사이에 바빌론은 아시리아 지배를 벗어나 독립하려고 애쓰다
에집트: 누비아인들이 에집트를 점령하여 25왕조를 세우다 샤바카(715?-696)
티르하카(690년경부터 정무, 685-664년 재위)
아시리아: 산헤립(704-681)이 701년 유다의 왕 히즈키야를 누르다
산헤립의 아들 에살하똔(680-669)이 671년경 에집트 북부를 정복하다. 에살하똔의 아들 아슈르바니팔(668-630/626)이 니느웨에 큰 도서관 설립. 650년경 에집트 26왕조의 프사메티쿠스 1세에게 쫓겨 에집트를 잃다

바빌론에 신바빌론 왕국 건설 (626-539)
612년 신바빌론의 나보폴라사르와 이란 부족국가 메대의 키약사레스가 니느웨를 파괴하고 606년에는 아시리아 제국을 멸망시키다

700

650

유다 왕국

히즈키야(716-687)는 아시리아 지배를 벗어나려고 바빌론 및 에집트와 접촉하다. 그는 키드론 골짜기에 있는 기혼 샘물을 다윗의 도읍 오벨로 끌어들이려고, 520미터나 되는 지하수로를 파고 실로암 저수장을 만들었다(요한 9장). 종교개혁 단행

701년 산헤립이 예루살렘을 공략하자 히즈키야는 항복하고 조공을 바치다. 이사야 예언자가 활동을 계속하다
므나쎄(687-642) 때 아시리아에 예속당하다. 660년경 나훔 예언자 등장

아몬(642-640)

요시아(640-609)는 아시리아의 약세를 틈타 옛 이스라엘 왕국을 통합하다. 622년 예루살렘 성전을 보수하다가 신명기를 발견하고 신명기의 법규대로 대대적인 종교개혁을 단행하여 지방의 성전들을 없애고 우상숭배를 금하다. 므기또에서 에집트 왕 느고와 싸우다 전사하다
630년경 스바니야 예언자 활약, 이어 예레미야 예언자 등장
여호아하즈는 609년, 3개월간 통치하

에집트 26왕조의 파라오 느고 (610-595)
느부갓네살(604-562)이 605년 유프라테스 강변 가르그미스에서 느고의 군대를 쳐부숨으로써 구아시리아 영토를 장악하다(예레 46,2)

588/587년 느부갓네살이 띠로를 포위하여 13년간 풀지 않다

600

다가 에집트 왕 느고에게 붙잡혀 폐위되다(2열왕 23,31-34)
여호야킴(609-598)은 느고에게 충성하다가, 605년부터는 신바빌론의 왕 느부갓네살에게 충성하더니 602년에는 독립을 선언하다. 예레미야 예언자 활동 계속, 하바꾹 예언자 활동
여호야긴(598-597)은 8개월간 통치하다가 예루살렘을 포위한 느부갓네살에게 항복하고 바빌론으로 끌려가다. 거기서 37년 후 561년에 사면된다. 597년 에제키엘 사제를 비롯하여 많은 시민이 끌려가다(1차 유배)
시드키야(597-587) 때에도 예레미야 예언자는 활동을 계속. 바빌론에 유배중인 사제 에제키엘이 593년부터 예언자로 활약하기 시작하다. 589년 시드키야가 신바빌론 왕국에 반기를 들자 588년 느부갓네살이 예루살렘을 포위하다. 시드키야가 예레미야 예언자를 가두다
587년 7-8월, 느부갓네살은 예루살렘을 점령하고 달아난 시드키야를 붙잡아 두 눈알을 뽑고 사슬에 묶어 바빌론으로 끌고가다. 또한 성전과 시가지를 불태우고 시민들을 바빌론으로 끌고 가다(2차 유배)
587년 9-10월, 유다인들이 유다 총독 게달리아를 살해하고 나서 느부갓네살의 보복을 두려워하여 많은 유다인들이 에집트로 도망치다. 예레미야 예언자도 에집트로 피신해 생애를 마치다(2열왕 25장; 예레 40-44장)
582-581년, 많은 시민이 바빌론으로 끌려가다(3차 유배)

7. 페르샤 시대(538-333)

페르샤 왕 고레스(551-529)가 539년 바빌론을 점령하다	550	538년 고레스는 칙령을 내려 바빌론에 끌려온 유다인들에게 귀향을 허락하고 예루살렘 성전 재건을 명하다(2역대 36,22-23 = 에즈 1,1-5) 520-515년 사이에 예루살렘 성전을 재건하다. 즈루빠벨 총독과 예수아 대제관의 공이 크다. 예언자 하깨, 즈가리야 활약
캄비세스(530-522) 다리우스(522-486)		
아테네와 스파르타가 주도한 그리스 동맹군이 490년 마라톤에서 다리우스의 페르샤군을 쳐부수다	500	498-399년 사이에 에집트의 아스완 나일강 엘레판틴 섬에 살던 유다인들의 종이에 쓴 문헌이 전해온다.
아하스에로스 1세(486-464)는 480년 살라미스 해전에서 그리스 동맹군에게 대패하다		
아르닥사싸 1세(464-424)	450	458? 428? 398?년, 에즈라는 아르닥사싸 황실 비서·제관·율사로서, 1,500여 명 동포와 함께 바빌론에서 예루살렘으로 귀환하여 번제를 바치고(에즈 8장), 광장에서 모세의 법전을 읽으며 풀이하고 초막절을 지내게 하다(느헤 8,1-18)
아하스에로스 2세(423) 다리우스 2세(423-404) 아르닥사싸 2세 므네몬(404-359)		445년, 느헤미야 총독이 예루살렘에 와서 성벽을 재건하다(1차 체류) 432년, 느헤미야 총독이 다시 예루살렘에 와서 안식일법 준수, 혼종혼 금지 등 법질서를 바로잡다(2차 체류)
아르닥사싸 오코스(359-338) 아르세스(338-336)	400	
다리우스 3세 고도만(336-331)		
알렉산더 대왕이 소아시아, 시리아, 에집트, 페르샤, 인도 북부를 점령하다	350	말라기서, 욥기, 시편, 요나서, 역대기, 에즈라서, 느헤미야서 등이 완성되다

고대 근동의 역사 연대표

아시리아 역대 임금

934
아슈르나시르팔(883-859) Assurnasirpal II
샬마네셀(858-824) Shalmaneser III
디글랏빌레셀 3세(747-727) Tiglath-pileser III
사르곤 2세(722-705) Sargon II

사마리아 함락(722-721)
산헤립(704-681) Sennacherib

예루살렘 공격(701)
아슈르바니팔(668-630/626) Assurbanipal
니느웨 함락(612)

바빌론 역대 임금

626
느브갓네살(604-562) Nebuchadnezzar
유대인 제1차 유배(597)

예루살렘 함락(587)
유대인 제2차 유배(587)
바빌론 함락(539)
페르샤의 고레스(550-530) Cyrus
히브리인 귀환 칙령(538)